소통의
철학

소통의
철학

김진웅 지음

한국학술정보

목차

II 부버의 대화철학

V 우주적 소통사상

커뮤니케이션이라는 말은 일상생활과 밀접한 의미를 내포하고 있는 개념이다. 이를테면 '소통이 안 된다', '소통이 중요하다', '커뮤니케이션에 문제가 있다' 등은 일상적으로 자주 접하는 말이다. 인간의 커뮤니케이션 행위는 인간의 역사만큼이나 오래되었다. 달리 표현하면 삶이 곧 커뮤니케이션이라고 할 수 있다.

하지만 커뮤니케이션 현상을 연구하는 학문 분야가 등장한 것은 전체 학문의 역사에 비하면 일천하다. 고대 수사학을 제외하면 커뮤니케이션에 대한 학문적 관심은 주로 미디어의 발전과 함께 성장했기 때문이다. 1445년 독일의 구텐베르크(Gutenberg)가 인쇄술을 발명한 이후 최초의 일간신문이 등장한 것을 시작으로 매스커뮤니케이션이 사회적으로 영향력을 발휘한 것은 자본주의의 성장과 밀접한 관련을 갖고 있다. 즉 도시의 발달과 대중사회 등장, 시장경제의 발달과 매스커뮤니케이션의 발달은 정비례하는 관계에 있다.

이런 배경에서 현대사회에서 커뮤니케이션에 대한 관심은 주로 매스커뮤니케이션 현상을 의미한다. 매스커뮤니케이션은 본래 주어져 있는 자연스러운 현상이 아니라 현대 과학기술을 매개로 하는 특수한 소통현상에 해당된다. 이것이 우리의 삶을 지배하고 좌우하는 현상으로 자리 잡고 있는 것이다. 이에 비해 인간이 추구하는 근원적 커뮤니케이션에 대해서는 상대적으로 무관심하였다. 인간을 제외한 다른 생명체나 환경 영역에서의 소통 문제 역시 관심의 대상이 아니었다. 사실 커뮤니케이션이 인간세계뿐만 아니라 우주 및 자연세계에서도 전개되는 현상임은 이론의 여지가 없다. 그럼에도 우리는 지금까지 특수한 영역, 즉 인간사회 차원에서의 소통현상에만 관심이 집중되었던 것이다. 오직 인간 중심주의적 관점에서 소통세계를 바라보았던 것이다.

하지만 우리가 인식을 전환하여 커뮤니케이션에 대해 깊이 성찰하면 새로운 깨달음과 상상력이 솟아나게 된다. 구체적으로 말하면, 첫째, 오로지 인간이 커뮤니케이션의 주체라는 관념에서 벗어나게 된다. 즉 넓은 의미에서 바라보면 다른 동물, 식물 등 타 생명체도 소통의 주체이고 나아가 모든 사물도 소통 파트너에 포함된다. 만물이 어우러지는 소통세계에서 인간은 일부일 뿐이다. 둘째, 우리에게 익숙한 언어나 정보를 매개로 하는 미디어커뮤니케이션은 다양한 소통방식 중의 하나에 불과하다. 이런 의사소통은 현대사회의 소통양식에 한정된 것일 뿐이다. 우주만물 사이에서 이루어지는 무형적, 유형적 소통은 언어가 아닌 다양한 매개방식을 통해 이루어진다. 예를 들어 기(氣)를 매개로 한 소통현상은 하나의 사례라고 할 수 있다. 셋째, 소통현상은 외면적, 가시적 대상 사이의 소통관계만 의미하는 것이 아니다. 오히려 내면적이고 보이지 않는 존재 사이의 상호관계 역시 중요한 소통현상에 포함된다.

이처럼 소통세계는 인간과 타 생명체 및 사물이 주체이고, 다양한 매개 양식을 통해 이루어지는 관계임을 느끼게 된다. 거시적이고 다양한 관점에서 커뮤니케이션 현상을 탐구하는 것이 중요하다는 생각은 오래되었다. 그것은 무엇보다 전쟁과 갈등이 없는 세상 만들기를 꿈꾸는 소망과 연결된다. 그동안 위대한 종교나 철학이 공존과 평화의 길들을 제시하고 있지만, 필자는 서로 진정한 커뮤니케이션을 통해서 평화와 공존의 세상을 만들어 갈 수 있다고 생각한다. '세계는 온갖 갈등과 전쟁이 끊이지 않는데, 커뮤니케이션을 통해 이런 문제를 해결할 수 있지 않을까' 이런 오래된 화두는 오랜 시간이 흘렀음에도 그 목표를 달성하기는커녕 여전히 길을 헤매고 있다.

하지만 그동안 본래 화두에의 지향성을 잃지 않으려 애썼던 거 같다. 매스미디어를 가르치고 연구하면서 느낀 공허하고 허전한 마음은 인문학, 철학을 기웃거리면서 위안을 삼곤 했다. 인간이란 무엇인가, 커뮤니케이션이란 무엇인가를 생각하면서. 서양의 커뮤니케이션학이 아닌 우리 동양의 소통학은 무엇을 담고 있을까 하는 생각에도 관심을 기울이곤 했다. 인간을 넘어 자연과 우주를 아우르는 소통은 어떻게 가능할까를 고민해 보았다. 또한 인간에게 소통의 궁극적인 목적은 무엇일까, 가장 이상적인 인간의 소통관계는 어떠해야 하는가라는 문제를 화두로 삼기도 하였다.

이런 사유들은 현대사회의 지배적인 소통현상과는 거리가 먼 것이다. 즉 메타소통에 해당되는 것이다. 하지만 메타소통은 새로운 관점을 제시한다. 새롭게 소통을 바라보는 관점은 두 가지로 나눌 수 있다. 하나는 소통을 수행하는 주체에 집중하는 것이고, 또 다른 관점은 소통이 이루어지는 과정에 집중하는 것이다. 소통 주체에 관심을 집중하는 것은 소통현상의 일부분에 집중하는 것이고, 소통과정에 집중하는 것은 두 주체 사이에서 이루어지는 소통현상 전체에 집중하는 것이다. 전자가 존재 중심의 소통이라면, 후자는 관계 중심의 소통에 해당된다. 사실 소통은 한 개체 중심의 현상이 아니라 적어도 두 개체 사이에서 이루어지는 현상이다. 따라서 소통은 존재현상보다는 관계현상에 다름 아니다. 그럼에도 최근까지 소통 담론에서는 주로 '관계'보다 '존재'에 치중하곤 했다. 이는 파편화되고 분업화된 현대 개인주의 사회를 반영하는 것이 아닐까? 무한 생존 경쟁을 추구하는 자본주의 사회에서 소통양식은 공동체, 공익보다는 전달자의 편익(便益)만 추구하는 도구적 방편으로 이용되고 있다.

그 결과 인류 공동체는 일대 위기에 처하게 된 것이다. 즉 인간 개개인, 인류 공동체, 생태 공동체, 나아가 글로벌 공동체의 위기가 점점 심화되고 있다. 특히 공동체의 구성요소인 개인의 소외, 파편화, 고통을 넘어 환경 생태계의 파멸 위기가 심화되고 있다. 따라서 현대사회는 존재 중심의 사유를 넘어 관계 중심의 소통에 대한 관심이 매우 긴요한 상황이다. 그러면 관계 중심의 소통은 어떤 것인가? 또 이를 어떻게 구체화할 수 있을까? 이에 대한 관심은 현대 서구학문은 물론 동양학까지 아우르는 전방위적 탐색을 필요로 한다. 특히 두 존재 사이의 이항 대립적 구도를 넘어 관계적 소통에 대한 사유들을 정립하는 것이 앞으로 나아갈 길이다.

이와 관련하여 이 책은 그동안의 사유의 흔적들을 모아 묶은 것이다. 외형상으로는 서로 이질적인 주제들이라 공통분모가 없는 것처럼 느껴진다. 하지만 각 주제의 사색의 흔적들은 '따로 또 함께'라는 독특한 느낌을 주는 공통된 속성을 지니고 있다. '따로'는 각 주제의 서로 다른 고유한 독창성, 그리고 '함께'는 주제들이 공통적으로 내포하고 또 지향하는 관계 중심성을 뜻한다. 서로의 '다름'이 '함께' 하면 비로소 그 지점에서 새로운 소통이 시작된다.

이 책은 미시적 차원에서부터 거시적 차원까지 아우르는 소통세계를 살펴보고 있다. 달리 말하면 인간의 내면적 소통현상에서부터 우주세계의 소통현상까지 포괄하고 있다. 이를 통해 인간과 사물은 홀로 존재가 아니라 연기적 존재임을 보여주고 있다. 여기서 소개하는 글들은 주로 그동안 발표했던 연구 논문들을 토대로 내용을 대폭 수정 보완한 것이다. 구체적으로 먼저 1장 실존적 소통은 '야스퍼스의 현존재(Dasein) 커뮤니케이션에 관한 연구(2012)', 2장 인격적 소통은 '마틴 부버의 커뮤니케이션철학: '실체론'을 넘어 '관계론'으로(2016)', 4장 생명·생태 소통은 '생태커뮤니케이션 패러다임: 의사소통을 넘어 메타소통으로(2018)', 그리고 5장 우주적 소통은 '최한기의 기(氣)-소통사상 연구(2013)'를 기반으로 하고 있다.

각 장에서 서술하는 내용이 무엇인지 구체적으로 살펴보면 다음과 같다.

먼저 1장에서는 인간커뮤니케이션이 근원적, 궁극적으로 지향하는 것이 무엇인가를 모색하려고 한다. 철학적 인간학에 기초하여 바라보면 커뮤니케이션이란 '인간존재의 보편적 조건'이라고 할 수 있다. 칼 야스퍼스(Karl Jaspers)는 이런 관점에서 소통문제를 탐구한 실존철학자이다. 그는 인간 소통을 '현존적 소통'과 '실존적 소통'으로 구분하고, 실존적 소통을 통한 자아실현에 이르는 것이 궁극적 지향점임을 제시하고 있다. 이런 관점에서 이 장에서는 야스퍼스의 세 가지 현존적 소통양식, 즉 현존재, 의식일반, 정신 차원의 소통현상에 대해 서술하고, 나아가 현존적 커뮤니케이션의 한계성을 극복하는 실존적 소통에 대해서 설명하려고 한다. 이른바 야스퍼스의 '사랑하는 투쟁'은 소통관계의 두 사람이 한계상황을 넘어서 실존으로서 자아실현에 이르도록 하는 고유한 방편이라고 본다.

야스퍼스의 커뮤니케이션 사상은 실존철학적 관점에서 인간커뮤니케이션의 본질을 규명하는 데 기여하였다는 점에서 독창적 의미를 지닌다. 그는 사회적 커뮤니케이션 양식을 인간의 존재방식에 따라 체계화하고 이를 토대로 이상적인 커뮤니케이션 공동체의 구현을 모색한다. 이러한 소통 인식론은 인간의 한계상황을 극복하고 커뮤니케이션을 통해서 인간 삶의 이상적 상(像)의 실현 가능성을 탐색하고 있다. 야스퍼스의 통찰력은 커뮤니케이션을 매개로 인간이 실존에 이르도록 할 수 있는 가능성을 제시해 준다.

2장은 이상적인 인격적 소통관계에 관한 탐색이다. 보통 두 사람 사이에서 이루어지는 대인(對人)커뮤니케이션은 인간커뮤니케이션의 기본이 되는 모형이 된다. 따라서 두 사람 간의 이상적인 소통모델을 정립하는 것은 인간 공동체에서 매우 중요한 과제에 해당된다. 특히 근대 이후 현대사회에서 인간관계는 파괴되어 점점 파편화되고 물질화되는 성향이 가중되고 있어 바람직한 인간관계의 회복에 대한 요청이 시급하다. 이런 맥락에서 이 장에서는 마틴 부버(Martin Buber)의 '인격적 소통사상'을 분석하려고 한다.

왜 마틴 부버 사상을 주목하는가? 부버는 대화철학자로 불리며 인격적 소통관계의 정립에 기여하였다. 따라서 그가 어떠한 인식론을 기반으로 자신의 소통철학을 전개하고 있는지 탐색하려고 한다. 마틴 부버는 사람의 관계를 '나-그것', '나-너'라는 이원성의 구도로 제시한다. 먼저 '나-그것'을 중심으로 전개되는 소통은 사물적 관계라고 할 수 있다. 나와 사물 사이에서 일어나는 소통관계이다. 이에 비해 '나-너' 관계는 인격적 소통관계의 모델이다. 즉 나와 너가 인격과 인격으로 마주하는 소통관계이다. 따라서 부버가 지향하는 바는 나-그것 관계를 지양 극복하고, 나-너 관계를 구축하여 인격적 소통관계를 정립하는 것이다. 이러한 부버의 대화철학은 이분법적이자 존재론적 커뮤니케이션 모델의 한계를 극복하는 데 기여하였다. '요소' 또는 '존재'를 중심으로 하는 송신자-수신자 구도의 소통관을 관계 중심으로 전환시킨 것이다. 이러한 부버의 소통사상은 현대사회의 인간소외, 비인간화, 갈등문제 등을 해소하는 데에 중요한 의미를 제공한다.

3장에서는 학문세계의 소통현상에 대해 살펴보기로 한다. 학문의 대상인 만물, 즉 물질부터 초월적 의식에 이르는 모든 존재는 서로 연결되어 있다. 하지만 이를 인식하는 학문은 고도로 분업화, 전문화되어 있다. 이러한 학문 또는 지식세계에서 이루어지는 상호 소통체계는 어떻게 인식하는 것이 옳은가? 이와 관련 윌슨의 통섭(consilience)론은 생물학적 진화론의 관점에서 정신과학 영역까지 지배하는 논리를 제시하고 있다. 이는 자연과학적 방법론에 의한 인문사회과학 영역의 지배를 의미하는 것이다. 이에 반해 윌버는 특정 과학의 관점에 의한 환원주의는 불가능하다는 입장에서 어느 개별학문 관점에 의존하지 않는 통합적 소통방식을 제시한다. 즉 물질 감각적 영역뿐 아니라 이성적, 영성적 영역까지 포함하는 관점을 아우르는 심층과학, 즉 정신적이고 내면적 학문 영역까지 포함한 통합적 지식소통 체계를 제시한다. 통합적 지식소통의 관점은 근대과학 및 생물학적 진화론 등으로 대변되는 경험 과학적 관점, 해석학, 현상학, 포스트모던 등의 이성 과학적 관점, 그리고 종교적, 신비적 사상 등의 초월명상 과학적 관점 등 크게 세 가지 차원으로 구분한다. 이는 다원적 학문의 영역은 존재의 수준에 따라 각각 유의미한 상대적 진리를 갖는다는 고유한 진리관을 제시하는 것이다. 이를 통해 현실세계의 존재를 대상으로 하는 학문세계에서의 소통체계를 바르게 이해하는 데 기여하고 있다.

이어서 4장에서는 생명 · 생태 세계의 소통현상을 다루고 있다. 이 연구에서는 인간 중심의 커뮤니케이션을 넘어 자연, 환경, 생명 등 전 지구 생태계 차원에서 전개되는 소통 패러다임을 모색한다. 이는 인간 중심의 커뮤니케이션을 넘어서는 메타적 소통세계로 '생태커뮤니케이션'이라고 명명할 수 있다. 생태커뮤니케이션은 인간, 자연, 생명체 등이 상호작용 하는 공생관계를 의미하고, 생명, 생태계, 커뮤니케이션을 핵심 구성요소로 한다. 또한 생태커뮤니케이션은 유기체설, 일반체계이론, 불교의 연기론 및 동양사상 등을 인식의 토대로 한다. 동시에 이원론적이자 기계론적 관점을 극복하려는 일원론적, 전일론(全一論)적 사상을 인식론적 기반으로 한다.

그리고 이런 생태적 소통사상의 사례로는 '온생명론'을 꼽을 수 있다. 온생명 사상은 생태적 생명세계에서 이루어지는 상호 의존적 소통관계를 제시해주는 모델이다. 모든 생명, 즉 온생명은 개체생명으로서 '낱생명'과 여타 생명인 '보생명'으로 이루어져 있다. 따라서 낱생명으로서 인간생명 역시 다른 생명과의 의존적 관계에 의해서만 존속될 수 있다. 온생명 사상은 인간생명과 환경(보생명) 간의 소통의 왜곡 단절의 위기를 제시하고 이를 복원 혹은 패러다임 전환의 중요성을 일깨워준다.

이런 점에서 생태커뮤니케이션 패러다임은 의사소통에서 소통으로 인식의 지평을 넓혀준다. 즉 사회적 소통에서 생태적 소통으로 사유의 범주를 확장시킨다. 또한 인간과 자연 및 환경, 지구의 모든 생명체의 상생 또는 공존을 위한 지속 가능한 소통의 중요성을 깨닫게 한다. 즉 인간존재 중심에서 관계 중심으로 커뮤니케이션 인식을 전환시킨다.

마지막으로 5장은 우주만물 세계에서의 소통현상을 해명하려는 시도이다. 이 주제는 우리가 인식할 수 있는 가장 거시적 차원에서의 소통체계의 탐구이다. 마치 숲을 보아야 그 속에서 자라는 나무를 제대로 파악할 수 있듯이 우주적 소통은 인간세계를 포함한 모든 만물의 소통현상을 포괄하는 것이다. 동서양을 넘나들면서 연구주제에 관한 자료를 탐색한 결과 조선 시대 사상가 혜강 최한기의 사상과 만나게 되었다. 우주만물은 기를 매개로 상호 소통이 이루어진다는 사유체계를 제시하는 사상이다. 최한기는 신기(神氣)의 운화를 기반으로 천지만물 사이의 소통현상을 전개하는 독창적 사유를 전개한다. 즉 인간, 사물, 자연은 활동운화 하는 신기(神氣)의 속성을 지니기 때문에 상호 유형적, 무형적 소통을 하면서 일통적 소통관계를 형성한다는 것이다.

따라서 혜강사상에서 소통의 의미는 인간뿐 아니라 천지자연을 구성하는 만물세계의 물질적, 형이상학적 일통관계라고 할 수 있다. 기-소통이 이루어지는 영역은 크게 개개인 차원의 일신운화, 사회적 차원의 통민운화 그리고 하늘과 땅 차원의 천지운화로 대별된다. 그리고 이들을 아우르는 소통현상은 교접과 승순(承順)이 매개하면서 궁극적으로 대기(大氣)와 인기(人氣)가 상통하는 천인운화의 대통(大通)으로 이어진다. 이 과정에서 특히 인간사회 차원에서는 인도(人道)와 천도(天道)가 결합된 대동(大同)사회가 구현되고, 우주적 차원에서는 천지만물이 상호 조화를 이루는 일통(一統)적 소통이 이루어지는 것으로 해명하고 있다.

이러한 혜강의 우주적 소통론은 동양과 서양을 통틀어 전무후무한 사상으로 평가된다. 무엇보다 기를 구심으로 이루어지는 소통논리의 전개라는 점에서 인간커뮤니케이션을 넘어서는 전일적, 초합리적 소통사상에 속하기 때문이다. 기 소통론은 천지만물의 상호작용을 일통적 소통관계로 파악하여 인간 중심의 의사소통 관점을 넘어서는 모델을 제시하는 것이다.

앞서 말했듯이 각 장의 특성은 무엇보다 주제나 내용의 '다름'과 '새로움'이라고 할 수 있다. 이는 우리에게 익숙한 이미지나 상(像)과는 거리가 멀다. 즉 이 글에서 제시하는 각 주제의 소통과 커뮤니케이션의 이미지는 이질적인 것으로 우리가 기대하는 범주에서 벗어나 있다. 하지만 다름과 새로움은 우리로 하여금 소통 욕망을 불러일으킨다. 더구나 각 장의 주제를 관통하는 공통적 요소가 있는데, 한마디로 관계론적 소통의 사유라는 점이다. 이 책에서 탐색하는 소통사상들은 개별적 존재를 중심으로 전개되는 실체적 소통현상이 아니다. 대신 이들 존재 사이에서 생성되는 관계 또는 전체를 아우르는 일통적 소통현상이자 철학적 사유이다. 소통과정의 개개 현상보다는 이들이 함께 어우러져 드러나는 근원적인 본질을 탐구하는 관점이라고 할 수 있다.

이런 '다름'과 '같음'을 내포하고 있는 다양한 주제는 미시적 차원의 소통세계와 거시적 차원의 소통세계, 또는 인간 내면적 소통현상과 우주 자연세계의 소통현상을 넘나들고 있다.

먼저 미시적 세계의 인간커뮤니케이션에 관한 현상을 통해 세계 자연 및 우주 차원의 소통을 인식하는 것은 결국 인간이라는 점을 주시하게 된다. 인간이 대상을 어떻게 바라보고 받아들이는가의 문제는 모든 소통관계의 기본으로 작용한다. 이런 내면적 차원에서 살펴볼 핵심은 두 가지로 구분된다. 첫째는 인간과 인간이 마주하는 관계에 대한 탐색이다. 즉 자아와 타자의 관계를 어떻게 규정해야 할 것인가를 살펴보는 것이다. 오늘날 자본주의 사회에서는 인간과 인간의 관계는 더 이상 존재하지 않고 사물적 관계로 전락하였다고 한다. 인간이 위치하는 자리를 '그것', 즉 사물이 대체하고 있기 때문이다. 이러한 현실은 인간 사이의 진정한 소통관계를 파괴한다. 나아가 인간 스스로 자기 자신을 공격하고 파멸에 이르게 하는 결과를 초래할 수 있다.

내면적 관점에서 또 다른 주제는 인간의 자아실현 차원에서의 소통이다. 달리 말하면 궁극적 자아커뮤니케이션이라고 할 수 있다. 자아커뮤니케이션은 대상이나 상대가 없는 오로지 자기 자신과 마주하는 소통이다. 자아커뮤니케이션을 통해 인간은 진정한 자기 자신, 즉 실존을 발견하고 경험할 수 있다. 소통 위기의 시대를 살아가야 하는 현대인으로 하여금 가능적 실존을 경험하여 근원적 소통관계를 회복할 수 있는 방안을 제시하는 것이다.

한편 이 책은 거시적 차원에서 인간을 넘어서는 '원심력'이 작동하는 세계의 소통현상을 분석하는 것이다. 이를 통해 우리 인간 존재가 어떻게 자연 및 타 생명과 상호 연계되어 있는지 깨닫게 한다. 우주 또는 자연에서의 인간의 위치 내지는 지위를 파악할 수 있게 만든다. 우주와 자연은 결코 인간을 중심으로 돌아가는 것도, 존재하는 것도 아니다. 또 인간 중심으로 소통관계가 형성되는 것도 아니다. 다만 인간으로서 우리는 의식적이든 무의식적이든 인간 중심으로 세상을 바라보고 행동하게 된다. 이런 사실을 깨닫고 생태적 감수성을 회복하는 것이 시급하다. 테일라르 드 샤르댕(Teilhard de Chardin)이 말한 것처럼, '우주에서 인간의 위상(Der Mensch im Kosmos)'을 겸허하게 생각하고 성찰하는 것이 우리에게 절실한 것이다. 그렇지 않으면 우리 인간은 자신의 모습을 잘 파악하지도 못할뿐더러, 지속 가능한 미래를 기약하기도 어려울 것이다.

정리하면, 이상에서 제시한 각 장의 내용들은 미시적 소통에서 거시적 소통까지 아우르면서 철학적 성찰을 시도하고 있다. 이를 통해 각 주제는 인간의 삶과 현실세계에서 이루어지는 중요한 소통현상들을 짚어봄으로써 소통관계를 총체적으로 이해토록 한다. 인간 내면세계의 소통에서부터 인간과 인간, 나아가 인간과 자연의 소통관계까지. 인격적 소통과 실존적 소통은 진정한 인간커뮤니케이션 관계를 통해 참 자아를 발견하는 길을 모색하는 데 기여한다. 나아가 우주적 소통과 생태적 소통의 분석은 자연과 우주 차원에서 전개되는 소통현상을 깨닫게 하는 데 기여한다. 따라서 미시적 차원에서는 인생관에 부합되는 소통현상이자, 거시적 차원에서는 세계관을 구성하는 소통현상에 다름 아니다. 따라서 이 연구는 인간 삶의 두 축인 인생관과 세계관을 정립하는 데 기여하는 소통 패러다임을 모색한다고 생각한다. 이것이 인간커뮤니케이션이 궁극적으로 지향해야 할 지점이 아닐까 생각한다.

실존철학의 소통사상

1. 야스퍼스 사상과 커뮤니케이션

인간 소통의 근원적 문제는 무엇일까? 이것은 소통수단의 문제일까? 그렇다면 다양한 커뮤니케이션 미디어가 폭발적으로 증가한 현대사회는 소통문제가 크게 해소되었을 것으로 예상할 수 있다. 하지만 현대인의 소통관계적 삶의 실상은 전혀 다르다. 인간관계는 점점 소원해져 가고 이에 따라 개개인은 자아를 잃어버린 듯 깊은 소외감을 간직한 채 살아간다. 현대인은 외면세계의 현란함과 내면세계의 빈곤 사이에 놓여 있는 존재이다. 우리 삶에서 소통의 문제는 가장 심각한 위기상태에 놓여 있다고 할 수 있다. 불통문제의 원인을 시급히 찾아 해결해야 한다. 불통적 삶의 이유는 무엇일까? 이를 어떻게 해결할 수 있을까? 이런 고민이 깊어질 수밖에 없다. 소통을 전문적으로 다루는 학문 영역이 존재하지만 이러한 문제는 전혀 해소되거나 개선될 기미를 보이지 않는다. 커뮤니케이션학은 단지 소통을 매개하는 (매스)미디어에 집중되어 있을 뿐이다. 인간 본연의 커뮤니케이션 문제는 외면되어 있다. 이를 해결하기 위해서는 다학제적, 특히 철학적 관점에서의 관심과 접근이 요구된다. 근원적 소통문제는 외부적 현상이 아니라 인간 내면과 관련되기 때문이다.

커뮤니케이션은 어원상 '관계를 가지다', '공통분모를 가지다'라는 라틴어 'communicare'의 명사형 'communicatio'에서 유래한다. 커뮤니케이션은 좁은 의미에서는 정보나 신호를 전달하는 것을 뜻하며, 넓은 의미에서는 무엇인가와 관계를 가진다는 뜻을 내포하고 있다(클레망 외, 1996: 165). 전자가 최근 사회과학적 관점이라면, 후자는 정신과학적 관점에서 접근하는 것으로 볼 수 있다. 그동안 독립된 학문으로서 커뮤니케이션학은 전자의 사회과학적 관점에 집중하여 왔다. 따라서 실존주의 철학은 이러한 관점에서 중요한 의미를 지닌다. 이 글에서는 후자의 철학적 관점에서 인간의 근원적 커뮤니케이션에 관한 논의를 전개하려고 한다.

특히 철학적 관점에서 커뮤니케이션을 체계적으로 분석한 칼 야스퍼스의 사상을 조명하기로 한다. 야스퍼스의 사상에서 '커뮤니케이션(Kommunikation)'은 핵심 개념 중의 하나에 속한다. 그의 커뮤니케이션 개념은 그동안 '사귐', '교제' 등의 개념으로 주로 철학적 연구자 시각에서 관심의 대상이 되었다(이인건, 1997; 블노브, 1996; 야스퍼스, 1999 등 참조). 이러한 개념들은 커뮤니케이션 본래의 뜻을 다르게 왜곡할 가능성을 내포하고 있어 이 글에서는 원문 그대로 '커뮤니케이션' 또는 '소통'으로 사용하기로 한다.

널리 알려져 있듯이 야스퍼스(1883~1969)는 하이데거(Heidegger)와 함께 독일 실존주의를 대표하는 철학자이다. 사상적으로는 생철학(니체 등)의 영향과 극단적인 한계상황적 삶의 체험(나치정권의 경험)을 바탕으로 실존적 철학사상을 정립하였다.

실존주의란 덴마크 철학자 키르케고르(Kierkegaard)의 실존사상에서 출발하여 1930년대 독일, 프랑스 등을 중심으로 유행한 철학 사조를 뜻한다. 실존철학은 니체, 딜타이 등에 의해 제시된 생철학(生哲學: Lebensphilosophie)을 철저히 실현하려는 철학적 운동이라고 할 수 있다(Bollnow, 1999: 13). 하지만 실존철학은 주체적인 사고에 입각한 생철학의 극단적 상대주의가 지향하는 분리와 해체를 극복하고, 다시 하나의 무한하고 초월적인 절대자(초월자, 신 등)를 구현하고자 한다. 특히 여기에는 제1차 세계대전 이후 모든 고정적인 가치와 질서가 허물어지려는 허무한 현실을 배경으로 한다. 대량살육의 비참한 경험 속에서 자기 자신의 깊은 근원적인 내면세계로 돌아가 의지할 그 무엇을 추구하려는 인간들의 움직임을 반영하고 있다(Bollnow, 1999: 14~16).

실존주의 인간론은 무엇보다 개개인을 다른 존재로 환원될 수 없는 고유하고 유일한 존재로 인식한다. 예컨대 인간은 다른 구체적인 작은 존재단위(요소나 원자)로 환원되거나, 또는 초월적인 일자(一者), 절대자, 신으로도 환원될 수 없는 존재라고 본다. 이와 관련 야스퍼스의 근본 사상은 모든 존재자를 넘어서는 근본 존재, 즉 실존을 목표로 삼는다. '존재자(Seiende)'란 어떠한 방식으로든 대상화될 수 있는 모든 것을 말한다. 이에 반해 '존재(Sein)'는 흔히 하나의 통일성을 이루고 있는 것으로 사유된다(Saner, 1998: 155).

인식론적 측면에서 야스퍼스는 기존의 통상적인 학문적 인식과는 다른 견해를 지향한다. 이에 관해서는 좀 더 구체적인 설명이 필요하다. 일반적으로 학문적 인식은 특정한 방법으로서 한 대상에 규정적으로 접근할 수 있고 이러한 접근을 통해 대상을 파악할 수 있는 인식을 뜻한다. "학문적 인식은 그 자체가 대상적인 무엇에 전적으로 관계하고 있음을 앎으로써 사실상 대상을 규정하는 것이다"(Saner, 1998: 159). 인식에 선행하는 의식은 하나의 대상에 관계하지만, 마치 그 대상만이 존재하며 관계 자체는 존재하지 않는 것처럼 그렇게 대상에 관해서만 말하고 있을 뿐이다. 학문적 의식은 관계성에 대한 지식 자체를 앎의 영역에서 배제함으로써 그 의식 스스로를 순수한 객관적 인식으로 받아들인다. 이에 대해 자너(H. Saner)는 다음과 같이 말한다: "의식은 언제나 사유과정에서 내용을 가지며 대상을 갖는다. 그러므로 의식은 언제나 이미 대상에 관계하는 의식이며, 대상에 작용하는 의식이다. 그리고 대상은 언제나 의식된 대상이며, 의식에 의해서 구성된 대상이다"(Saner, 1998: 160).

그런데 야스퍼스의 철학적 인식은 앞서 언급한 관계를 사유의 영역으로 수용했다는 점에서 새롭고 중요한 의미를 지닌다. 즉 주관으로서의 의식은 인식 과정에서 객관으로서의 대상과 관계한다는 사실을 주목했다. 이것은 '대상의식'이 아니라 '관계의식'이다. 관계는 두 개의 분리된 사물의 결합, 연결을 의미한다. 따라서 야스퍼스의 철학적 접근은 대상과의 관계를 '대상화'하여 인식하기 때문에 대상 자체를 전제로 하는 보편적 학문 인식과 다르다고 할 수 있다.

이상을 기반으로 할 때, 야스퍼스의 커뮤니케이션 사상은 유형적 대상과 관련되는 것을 인식하는 것이 아니라, 무형적 관계 자체를 인식하는 것과 관련된다. 그에게 있어서 커뮤니케이션은 인간 사이의 관계, 연결, 공유를 의미한다. 예를 들면 나와 너, 생과 사, 유와 무 등의 관계성이 곧 커뮤니케이션이다. 요소 혹은 존재보다는 과정, 자유, 공유 영역 등이 더 중요한 의미를 지닌다. 따라서 야스퍼스는 개체 또는 요소론적 커뮤니케이션 관점과는 달리 관계론적 관점에서 소통을 조명하는 것이 특징적이다.

이처럼 야스퍼스에게 있어서 커뮤니케이션에 관한 사유는 자신의 철학의 핵심을 구성하는 요인이다. 즉 야스퍼스는 인간은 타인과의 커뮤니케이션을 통해서 삶을 영위하고, 사회적 커뮤니케이션을 통해서 자기 자신이 구현된다고 인식하는 이른바 '소통의 철학자'로 평가되고 있다. "나는 타자와 커뮤니케이션 관계에서만 존재한다. 즉 이해와 행위로 상호 연결되는 현존재를 위한 주관적이고 객관적인 존재가 될 수 있다. 각각의 현존재는 상호 공존관계 속에서 자신을 드러낼 수 있다"(Jaspers, 1948: 338). 요컨대 야스퍼스는 커뮤니케이션을 삶의 필수적 요소이자, 자아와 타자의 동등한 관계, 그리고 자아실현의 수단으로 인식하고 있다. 커뮤니케이션을 인간 삶의 근원적 조건으로 수용하는 것이다.

야스퍼스가 자신의 철학에서 커뮤니케이션의 중요성을 강조하는 배경은 다음과 같이 네 가지 측면과 관련된다. 첫째, 인간의 유한성으로 이를 극복하려는 것이 인간의 욕망이다. 유한한 인간 삶에 대한 성찰은 이를 극복하려는 근원적인 갈망을 낳게 된다. 예를 들어 수많은 종교적 신앙은 이를 대변하는 것이다. 둘째, 인간은 타자와 관계를 맺으면서 삶을 영위한다. 여기서 타자는 타인, 신, 자연, 자기 자신, 과거, 미래 등을 포함한다. 이런 관계가 없는 삶은 불가능하다. 셋째, 현대사회의 갈등 해소가 인류의 생존조건이다. 인류문명이 극도로 발전한 현대사회지만 이에 상응하여 인간 파멸의 위험성도 더욱 증폭되고 있다. 대표적으로 핵무기 사용으로 인한 인류 파멸의 가능성을 들 수 있다. 넷째, 인간 삶의 불확실성으로 본래적인 소통 의지가 근원에 자리 잡고 있다. 인간의 현실적 삶은 늘 불확실성에 휩싸여 있다. 이런 문제의 해결과 관련하여 인간은 근원적으로 소통의 의지를 갖고 있다고 할 수 있다. 정리하면 야스퍼스는 커뮤니케이션을 개인은 물론 사회, 나아가 전 인류의 생존을 위한 근원(Kommunikation als Ursprung)으로 인식한다(이인건, 1997: 10~14).

특히 야스퍼스는 커뮤니케이션이 인간 공동체의 보편적 조건임을 강조한다. 인간사회는 타인과의 끊임없는 관계이자, 고정된 상태가 아니라 발전적인 변화를 하며, 나아가 세대를 통한 계승의 역사성 등을 특징으로 하기 때문이다(이인건, 1997: 64).

모든 커뮤니케이션 공동체는 인간 현존재를 위해서 그리고 현존재 속에 있는 가능적 실존(moegliche Existenz)을 위한 양식이다. 하지만 가능한 실존으로서 자아가 진정으로 원하는 공동체는 아직 구현된 적이 없다. 즉 가능적 실존이 현실적 실존으로 전환되지 않은 것이다. 이는 커뮤니케이션의 한계에 관해서 물음을 갖게 만든다. 진정한 커뮤니케이션은 그 과정 속에서 자아의 고유한 존재를 알게 하는데, 이는 나 혼자서 할 수 있는 것이 아니라 타자와 함께 하면서 이룰 수 있는 것이다(Jaspers, 1948: 339). 즉 커뮤니케이션을 자아실현을 위한 성찰적 과정으로 받아들이고 있다. 커뮤니케이션이 존재 자체보다 더 중요시되는 것이다.

이상과 같은 인식을 기반으로 야스퍼스는 인간 존재양식에 따라 커뮤니케이션을 크게 '현존적(Dasein) 커뮤니케이션'과 '실존적(Existenz) 커뮤니케이션'으로 구분한다(Jaspers, 1984: 338~ ; 야스퍼스, 1999; Salamun, 1968 등 참조). 현존적 커뮤니케이션은 현실적 사회 및 공동체 속에서 객관적으로 이루어지는 구성원 사이의 커뮤니케이션 양식을 뜻한다. 반면에 실존적 커뮤니케이션은 현실적 실상 차원이 아니라, 가능적 존재 차원에서 이루어지는 자아실현의 커뮤니케이션을 의미한다. 야스퍼스 사상은 현존재 단계의 커뮤니케이션을 넘어 실존적 소통을 제시하고 있다.

야스퍼스는 먼저 인간사회에서 이루어지는 현존재 차원의 커뮤니케이션에 대한 분석을 구체적으로 조명한다. 따라서 야스퍼스가 제시하고 있는 현존적 커뮤니케이션의 세 가지 방식에 대해 서술하려고 한다. 각 커뮤니케이션 양식의 성격, 특성, 한계점 등을 비교 설명하고 나아가 세 가지 현존적 커뮤니케이션 양식을 비교 평가한다. 이를 토대로 야스퍼스는 자연스럽게 현존재 소통에서 더 나아가 실존적 소통으로 넘어간다. 실존적 소통은 야스퍼스가 지향하는 인간 본연의 궁극적 소통에 해당되기 때문이다.

이상과 같은 논의 구성을 통하여 야스퍼스는 철학적 관점에서 새로운 커뮤니케이션 패러다임을 제시하고 있다. 이를 조망함으로써 이 글은 인간의 소통 행위에 대한 새로운 인식의 틀을 제공하려고 한다. 특히 앞서 언급했듯이 야스퍼스는 커뮤니케이션을 인간존재의 근원으로 수용하여 궁극적으로 자아구현에 기여할 수 있는 커뮤니케이션 사상을 제시하여 철학적 차원으로 인식 지평을 넓히고 있다. 이러한 그의 사상은 커뮤니케이션을 사회적·공동체의 승화를 이끄는 요인으로 작용하게 한다.

2. 현존재 커뮤니케이션의 세 양식

1) 현존재(Dasein)의 이해

현존재 커뮤니케이션을 서술하기에 앞서 우선 현존재(Dasein)의 개념에 대한 이해가 필요하다고 본다. "왜냐하면 현존재 커뮤니케이션은 인간의 '현존재'에 투영된 특수한 커뮤니케이션 양식을 의미하기 때문이다. 야스퍼스에 의하면 '현존재'의 의미는 현존재 커뮤니케이션의 구심이자 작동 영역이며, 커뮤니케이션의 성격을 규정한다"(Salamun, 1968: 264). 따라서 현존재가 내포한 의미에 대해 보다 상세한 분석이 필요하다.

야스퍼스에게 있어서 현존재의 의미는 시공간적으로 제한된 '현재(Da)'에 나타나 있는 것(sein), 즉 현실적으로 눈앞에 있는 것을 의미한다(이종우, 1976: 58: Bollnow, 1996: 28 참조). 이는 나타나 있는 존재자인 실존(existentia)을 사유의 존재인 본질(essentia)과 구분하여 현실성을 우선하는 의미를 내포하는 개념으로 규정할 수 있다. 따라서 "현존재는 세계에서 나에게 생생하게 나타나는 것 전부, 나에게 대립하는 타자 전부, 따라서 모든 동식물, 자연물, 재력, 물질 등을 의미한다"(이종우, 1976: 58). 현존재 개념이 매우 광범위한 의미를 내포하고 있음을 알 수 있다.

잘라문에 따르면 이러한 야스퍼스의 현존재 개념을 다음과 같이 세 가지

의미를 갖는 것으로 구분할 수 있다(Salamun, 1968: 264):

첫째, 가장 넓은 의미에서 야스퍼스의 현존재(Dasein)는 세계에 존재하는 경험 가능한 대상을 지칭한다. 이런 차원에서 세계존재(Weltsein) 차원의 모든 사물은 곧 현존재 의미를 갖는다.

둘째, 야스퍼스의 현존재는 인간 현존재를 의미하며 인간의 존재방식을 뜻하는 것으로 본다. 이런 차원에서 현존재는 실존(Existenz)의 반대개념으로 규정된다. 실존은 근본적으로 경험 가능한 인간의 객관적 존재방식, 즉 현존재와는 다르게 객관적 경험이 불가능한 주관적인 영역에 속한다.

셋째, 가장 좁은 의미에서 야스퍼스는 현존재를 세 가지 존재방식, 즉 현존재(Dasein), 의식일반(Bewusstsein ueberhaupt), 정신(Geist) 차원으로 구분한다. 이러한 구분은 현존재 영역을 학문적으로 분석하는 양식에 해당되기도 하고, 나아가 인간 현존재 차원에서 구분하는 세 가지 방식에 해당되기도 한다.

이상의 현존재 의미를 커뮤니케이션 차원에서 이해하기 위해서는 좀 더 세밀한 분석이 필요하다. 우선 야스퍼스는 커뮤니케이션 차원에서 현존재를 넓은 의미에서는 실존과 대비되는 개념으로 본다. 아울러 좁은 의미에서 현존재는 의식일반과, 정신 외에 또 다른 인간존재 차원을 지칭하는 것으로 제시한다. 이러한 현존재 범주 내의 세 가지 단계는 서로 유기적으로 연결되어 있다. 즉, 첫 번째 가장 포괄적인 현존재 영역이자 실제 경험할 수 있는 세계존재 일반으로서 현존재는 두 번째 경험 가능한 인간 의식일반의 영역을 초월한다. 그리고 현존재의 두 번째 의식일반 영역은 세 번째 영역인 정신을 포괄하고 있다. 정신 영역 역시 전 단계를 전제로 한 경험 가능한 인간의 특별한 존재방식의 하나이다.

따라서 야스퍼스의 현존재 커뮤니케이션 양식은 가장 좁은 차원의 현존재 개념을 기반으로 전개된다. 즉 야스퍼스는 인간 현존재의 커뮤니케이션 양식을 첫째, 현존적 커뮤니케이션(Kommunikation im Dasein), 둘째, 의식일반적 커뮤니케이션(Kommunikation im Bewusstsein ueberhaupt), 셋째, 정신적 커뮤니케이션(Kommunikation im Geist)으로 구분한다(Jaspers, 1947; 1948; 1984 등 참조). 이러한 현존재 커뮤니케이션은 '사회적 관계(Soziologische Beziehung)' 또는 객관적 커뮤니케이션 방식에 따라 구분한 것으로, 세 가지 커뮤니케이션 양식은 각각 고유한 커뮤니케이션 성격을 내포하고 있다(Salamun, 1985: 74). 하지만 이러한 야스퍼스의 커뮤니케이션 논리는 자신의 저술을 통해서 상세하게 체계적으로 서술되어 있는 것은 아니다. 오히려 광범위한 저술 영역에 걸쳐 다양하게 전개되어 있다. 따라서 이 글에서는 이들에 대한 분석을 통해 소통사상을 재구성해서 하나의 체계로 정립을 시도하였다.

2) 현존적 커뮤니케이션

먼저 현존재 영역의 첫 번째 커뮤니케이션 양식은 현존하는 인간들 사이에서 이루어지는 동일한 이해관계나 관심사를 기반으로 하는 소통이다. 이는 개개인들이 상호 대립적으로 자신을 유지 보호하거나 성장하려는 공동체에서 이루어지는 소통 행위가 해당된다. 현존적 소통 공동체 구성원들은 서로 동일한 이해관계 또는 관심사를 지니고 있다. 이를테면 환경문제나 다른 공동체 등 외부적 위협이나 공동위기에 대처하기 위해서 사회 구성원 사이에 상호 긴밀한 소통 관계를 유지한다. 개별적 현존재(Einzeldasein)로서 각 개개인은 긴장 속에서 이러한 유대관계를 유지한다. 하지만 공동위협이 사라질 경우 언제든지 공동체를 벗어나려고 한다. 따라서 구성원 사이의 커뮤니케이션은 다른 사람을 배제하거나 또는 연민의식을 갖고 있지 않는 이른바 '비사교적 사교성(ungesellige Geselligkeit)'을 내포하고 있는 것이 특징이다. 즉 비자발적인 소통관계가 형성되는 것이다(Jaspers, 1947: 375~381).

이처럼 현존적 커뮤니케이션 양식은 각자의 에고에 입각한 이해관계(egozentrische Interessiertheit)의 관철을 지향한다. 각 구성원은 오로지 자신의 생명을 영위하고 확장하기 위한 목적을 추구하기 위해서 소통할 뿐이다. 예컨대 부귀(Reichtum), 권력(Macht) 등의 목적을 지향하거나 이익을 추구하는 것이 현존재 공동체의 지배적 커뮤니케이션 현상이다(Salamun, 1985: 74~75).

야스퍼스는 이러한 현존적 커뮤니케이션 공동체가 갖고 있는 문제를 다음과 같이 지적하였다: "현존적 투쟁에 있어서 모든 정보전달은 투쟁의 수단일 뿐이다. 다시 말해서 의도적 침묵, 속임수, 모호성(Zweideutigkeit) 등의 정보가 커뮤니케이션을 지배한다. 또 각자의 생존을 위해서 거짓과 위선이 지배하는 커뮤니케이션이 넘쳐나게 된다"(Jaspers, 1947: 548).

현존재로서 인간의 공동체에서 실제 이루어지는 다양한 커뮤니케이션은 토론이나 담론형성을 위한 수단이 아니다. 주로 특정 목표에 대한 성공이나 효율성의 제고를 지향하려는 목적에서 이루어진다. 따라서 현존적 커뮤니케이션은 자아와 타자 사이의 수단-목적 관계의 성격을 지닌다. 타인은 단지 나 자신의 고유한 이해관계를 관철시키는 데 필요한 도구처럼 이용된다. 이는 마치 무한 생존경쟁을 지향하는 현대사회에서 이루어지는 커뮤니케이션 현상의 한 단면을 보는 것과 유사하다.

현존재 공동체에서 위협은 각 개인에게 무엇이 공통적으로 요구되는 것인지를 즉각 알아차리도록 강제한다. 이는 각자의 경험에 의해 감지가 가능하다. 사회구성원들은 언제 무엇이 요구되는지를 잘 이해하고 있다. 즉 무엇이 행복인지, 무엇이 충족되어야 하는지 그리고 무엇이 현존재에게 필수적인 것인지를 스스로 알아차리고 결정하게 된다. 하지만 이는 자발적인 것이 아니라 공포 분위기 속에서 이루어지는 것이다. 외부로부터의 위협이 증가하면 할수록 구성원들의 의견 일치(Einheit des Willens)는 더욱 강해지며 이에 상응하는 현존적 커뮤니케이션이 작동하게 된다.

여기서는 개개인의 이해 추구를 충족시키기 위해서 각 개인이 무엇을 해야 하는지에 대해서 스스로 결정할 수 있는 것이 아니다. 대신 결정방식은 지배자의 성격에 좌우되어 다양하게 전개된다. 왜냐하면 이러한 공동체에서는 권력을 쥐고 있는 지배자와 복종하는 시민 사이에 확실한 유대의식이 형성되어 있지 않기 때문이다. 단지 구성원들의 생존을 영위하기 위한 원초적 상태의 커뮤니케이션 관계가 형성되어 있을 뿐이다(Jaspers, 1947: 376). 이런 측면에서 볼 때 현존재 커뮤니케이션에 기반한 공동체는 비자발적 속성을 지닌다고 할 수 있다. 물론 완전히 강제적 타율에만 의거하는 것은 아니지만, 구성원 개인의 자율성이 존중되는 것은 아니다.

그러면 현존적 커뮤니케이션 양식에서 주체로서 자아는 어떻게 인식되는가? 우선 자아는 다른 사람과 동일하게 행동하고, 똑같이 믿고 똑같이 생각하면서, 의견이나 목적, 공포, 기쁨 등이 서로에게 전가된다. 하지만 모두는 근원적이고 의심할 바 없는 동일성을 갖기 때문에 이를 의식하지 못한다. 자신의 의식(Bewusstsein)이 빈약하며, 자아의식(Selbstbewusstsein) 역시 차단되어 있기 때문이다. 또 원초적인 인간 공동체에서 현존재는 각자의 의식이 다른 사람들의 보편적 의식과 합치되기 때문이다. 개개인은 자신의 존재에 관해서 의문을 갖는 것이 곧 공동체에서 홀로 떨어져 나가는 분리를 초래할 수 있기 때문에, 이에 관해서 의문을 갖지 않는다. 하지만 이 공동체 속에 살고 있는 한, 자아는 아직 의미 있는 커뮤니케이션을 하는 것은 아니라고 할 수 있다. 왜냐하면 자아가 커뮤니케이션을 원할 경우, 이러한 무의식 속에 은폐되어 있기를 바라지 않을 것이기 때문이다(Jaspers, 1947: 339).

현존재로서의 자아는 현재적 존재로, 늘 변화하고 역동적인 생명 존재의 맹목적인 자의식을 지니고 있다(Jaspers, 1947: 379). 다만 예상되듯이 인간 개개인은 오로지 자기 자신의 사적 이익을 달성하기 위한 존재자이자, 스스로 자신을 영위해야 하는 존재의 성격을 지닌다(Jaspers, 1974: 32).

그리고 이러한 존재자 사이의 커뮤니케이션은 각자 자신의 이익을 관철시키거나 필요를 충족시키기 위한 방편일 뿐이다. 자아보존 욕구, 성적인 욕구, 권력에의 의지 등이 이에 속하는 대표적인 사례에 해당된다. 이것이 충족되면 현존적 커뮤니케이션 행위는 끝나게 된다(Salamun, 1985: 74~75). 또 이러한 이기적 차원의 이해관계를 관철시키기 위해서 공동체가 유지되는 것이다. 따라서 구성원들은 상호 커뮤니케이션을 통해서 동정심 내지 적대감만을 느끼게 된다. 여기서의 상호 교류(Mitteilung) 또는 소통은 각자의 이해를 관철시키기 위한 투쟁(Kampf)의 표현행위에 다름 아니라고 할 수 있다(Jaspers, 1974: 32).

현존재의 공동체에서는 구성원 상호 간 관심과 동정심이 생기 넘치는 양상을 보인다. 또한 늘 변화하고 타자와 대립 구분되며 스스로 공동체가 확대되지만 다시 작은 조각으로 분열되기도 한다. 동시에 구성원들은 주어진 영역에서 각자의 임무를 수행하기 위해 서로 긴밀하게 협력한다(Jaspers, 1947: 379).

하지만 이런 공동체 사회에서 커뮤니케이션하는 주체로서 나는 본래의 나 자신과 동일시되는 존재로서 삶을 영위하지는 못한다. 즉 나는 공동체의 목적에 부합되지 않을 경우 언제든지 타자로 교체될 수 있다. 현대사회의 소외, 불안의 등장은 이와 같이 의도적인 목적 추구, 생존의 유지 및 기반을 확장하려는 목적하에서 이루어지는 커뮤니케이션 방식과도 관련된다. 여기서는 누구든지 자신의 성공에 필요하거나 도움이 되는 경우에만 커뮤니케이션의 상대자로 서로 마주하게 될 뿐이다(Jaspers, 1947: 548).

3) 의식일반의 커뮤니케이션

한편 의식일반 단계에서의 커뮤니케이션은 전(前) 단계인 현존재에서 나타나는 의식을 기반으로 하여 형성된다. 따라서 의식에 대한 이해가 선행되어야 한다. 의식은 내적 체험이라는 내면성, 어떤 대상에 대한 사유, 그리고 반성적인 자아의식이라는 특성을 갖는다. 이를 기반으로 하는 의식일반은 사유작용을 바탕으로 하여 다양한 존재의식이 보편적인 구조를 갖는 동일한 형식을 지닌다(이종우, 1976: 67).

따라서 현존재 커뮤니케이션의 한 양식인 의식일반 차원의 커뮤니케이션은 의식의 관점(Punkte des Bewusstseins)에서 상호 합의가 이루어지는 커뮤니케이션 양식이다. 이러한 소통양식은 '사물적 합목적성과 합리성(Jaspers, 1974: 54)'에 의한 소통관계와 일치된다. 이를테면 주관과 객관, 물질과 형상, 일치와 모순 등 서로 대립되는 주체 사이에서 이루어지는 커뮤니케이션과 유사하다. 커뮤니케이션 행위는 모든 사람 사이의 합의된 보편성(Allgemeinheit)을 기반으로 하고, 논리적 범주(logische Kategorien) 내의 수단을 통해서 이루어진다. 다시 말하면 다수의 현존재들이 동일한 의식을 갖고 서로 커뮤니케이션하는 관계를 의미한다고 할 수 있다(Jaspers, 1947: 376).

하지만 어떤 사물에 관한 상호 간 소통은 개개인의 사적인 관심과는 무관한 방향으로 진행된다. 즉 커뮤니케이션의 정당성 또는 강제적 효력(Geltung)은 보편적인 논쟁 방식을 통해서 추구된다. 또한 객관적이고 관찰 가능한 무한한 세계존재(Weltsein)를 커뮤니케이션의 대상으로 인식하는 것이 보편적 의식이다. 이에 관해 야스퍼스는 이렇게 말한다: "각자의 주관성을 배제한 보편타당성을 지향하는 커뮤니케이션이 점점 강화된다"(Jaspers, 1947: 376). 즉 이는 객관성 및 정당성을 기반으로 이루어지는 커뮤니케이션 양식이라고 할 수 있다.

이를 오성적 차원에서 커뮤니케이션이라고 할 수 있다. 이는 보편적 규칙과 사유 범주를 기반으로 타자와 일정한 사태에 관해 합의에 이르도록 이끈다. 즉 의식일반 차원의 커뮤니케이션 규칙은 서로의 주장에 있어서 옳음과 그름, 또는 사실 주장에 관한 실증적 진리 또는 허위에 관해 상호 일치를 지향한다. 여기에 속하는 커뮤니케이션의 대표적 사례로는 토론방식을 들 수 있다. 토론 참여자는 사태(Sachverhalte)의 판단에 있어서 찬성 또는 반대 근거를 논쟁적으로 제시해야 한다. 또 이들 근거는 동일한 의미경험을 기반으로 검토하여 최종적으로 수용 또는 거부될 수 있다(Salamun, 1985: 75).

의식일반을 기반으로 하는 커뮤니케이션에서는 오로지 논의 대상에 관한 내용이 진실인지 또는 허위인지 여부가 중요하다. 토론 형식의 커뮤니케이션에서는 자아존재(Selbstsein)가 관여하는 것이 아니다. 오로지 순수하게 사실에 입각해서(sachlich) 판단이 이루어진다. 즉 객관적 커뮤니케이션, 다시 말해서 동일한 규칙, 사유방식, 방법론적 기준(진리기준 등)에 의거하여 판단이 이루어진다. 따라서 이런 상황에서 커뮤니케이션 당사자는 언제든지 다른 사람으로 교체하는 것이 가능하다. 이와 관련 야스퍼스는 이렇게 평가한다: "이런 공동체는 비인격적(unpersoenlich)이다. 각자는 자기의 의사를 개진할 수 있으나, 이러한 모든 자아 관점은 타자로 교체될 수 있다"(Jaspers, 1948: 339). 따라서 모든 사람은 단지 형식적 차원의 커뮤니케이션 주체이자, 타인에게 위임될 수 있는 자아의 위상에 불과하다. 아울러 커뮤니케이션 관계에서는 제삼자(er selbst)의 위상으로 전락될 수도 있다. 이런 측면에서 볼 때, 의식일반 차원의 커뮤니케이션도 앞서 제시한 현존적 커뮤니케이션 차원과 마찬가지로 수단-목적 관계의 공동체와 동일한 공통점을 지닌다(Salamun, 1985: 75).

한편 의식일반 차원에서 자아는 어떤 모습일까? 한마디로 여기서는 '생각하는 나'로 분리되기 때문에 현존재로서의 자아는 이와 동시에 사라지게 된다(Jaspers, 1947: 379). 자아가 독립된 개체로서 타자를 의식하거나 세계와 대면할 수 있는 경우, 이것은 분열이자 근본적인 독립으로 한 단계 도약을 의미한다. 이러한 비약은 어떤 대상에 대한 물리적, 보편적, 논리적인 사유의 발전과 관련되어 있다. 사유는 외부세계를 규정하거나 파악할 수 있는 행위에 해당된다. 사유행위는 재인식이 가능한 대상에 대해서 투명한 합법칙성을 통해서 가능해진다.

하지만 여기서는 하나의 객관적 사물에 대한 공동이해를 통해서만 커뮤니케이션 주체인 자아와 자아 이해가 존재한다. 자아는 사유 대상을 옳거나 그름을 기준으로 평가하거나 인정하고, 커뮤니케이션 행위에 대해서는 수단을 포함한 목적을 파악함으로써 서로의 이해가 성립된다. 이런 과정 속에서 개별적 자아는 형식적으로는 독자성을 견지하고 있지만, 원칙적으로 다른 자아(타자)를 통해서 대체되어 자아가 사라질 수 있는 한계성을 지닌 존재에 그치게 된다(Jaspers, 1948: 340).

동시에 의식일반 차원에서 자아는 또 다른 자아로서의 타자를 사물처럼 대면한다. 즉 사물적 관계가 형성되어 사물본질(Sachinhalten)에 대한 공동이해뿐 아니라, 타자의 동기에 대한 심리적 이해는 단지 수단으로만 이용된다. 타자는 소통관계(Mitteilung)에서 자아와 동등한 현존재로 인정받지 못한다. 이는 자기 자신을 보호하기 위해서 타자를 어떤 목적을 위한 수단으로 이용하기 때문이다. 타자는 오히려 교류관계에서 마치 지배해야 할 자연적 대상물처럼 취급된다. 타자는 그러한 관계의 궁극적 의미도 파악하지 못하며, 자신과 관련된 행위(Handeln) 및 환경이 어떠한 목표와 연계되는 것인지도 알지 못한다. 따라서 이러한 커뮤니케이션에서도 역시 개인의 사적 친밀감 및 인간적인 관계는 드러나지 않는다(Jaspers, 1948: 340).

다시 말하면 의식 일반적 소통관계의 사물 이해에서 고유한 자아로서 타자는 비인격적 존재로 인식된다. 즉 사물 지향적이고 사물 관계 속에서 타자를 보게 된다. 따라서 타자는 단지 사물 그 자체가 된다. 모든 교류나 관계는 마치 사물적 지배관계처럼 일종의 지배 수단일 뿐이다. 이러한 관계가 상호관계적일 경우에는 자아와 타자 중 누가 커뮤니케이션의 지배권을 행사할 것인가를 두고 서로 투쟁하게 된다(Jaspers, 1948: 340).

이상과 같은 의식일반을 기반으로 한 사회공동체의 성격은 모든 구성원이 상호 이해 가능한 존재로서 연결된 보편적 총체로 인식된다. 하지만 각 개개인은 자아의식이 없고 무의미한 상태로만 존재하는 공동체일 뿐이다. 여기서는 단지 정의 또는 옳음에 따라 사회가 규정된다. 즉 구성원 사이의 윤리에 의한 상호관계가 아니라, 마치 사물적 관계에서처럼 논리에 의한 지배가 이루어진다(Jaspers, 1947: 379).

이와 같이 의식일반의 커뮤니케이션 공동체에서는 결정적인 요소가 결여되어 있다. 즉 커뮤니케이션 관계에서 각자는 자신의 고유한 본질(Gehalt)을 드러낼 수 없기 때문에 자아가 타인으로 교체될 수 있다(Salamun, 1985: 75). 이와 관련 야스퍼스는 다음과 같이 언급한다: "이해를 기반으로 한 이성적 커뮤니케이션에서 정의(Richtigen)의 무가치성 또는 불충분성이 자라게 된다. 왜냐하면 커뮤니케이션은 끝없이 지속될 뿐, 스스로에게는 중요하지 않기 때문이다"(Jaspers, 1974: 33). 따라서 이는 다시 또 다른 단계의 커뮤니케이션을 추구하는 계기로 작용하게 된다.

4) 정신적 커뮤니케이션

의식일반 차원을 넘어 이루어지는 현존재 커뮤니케이션의 또 다른 소통양식은 정신을 기반으로 한다. 정신적 커뮤니케이션 관계는 이념적이며 전체적인 인식에 기초한 커뮤니케이션 양식이다. 여기서는 타자와 객관적으로 드러나는 소통이 가능한 정신적 차원의 상호 커뮤니케이션 관계가 형성된다. 야스퍼스는 이를 '이념에 기반한 정신적 본질을 내포한 커뮤니케이션'(Jaspers, 1973: 54)이라고 규정하였다. 이전 단계의 현존적, 의식 일반적 커뮤니케이션 양식과는 달리, 이념 정신적 커뮤니케이션 차원에서는 상호 이해의 폭이 깊은 소통관계가 형성된다. 대표적인 커뮤니케이션 공동체 사례는 '우리 국가', '우리 사회', '우리 직장', '우리 대학', '우리 가정' 등을 꼽을 수 있다. 이들은 하나의 이념을 기반으로 한 통일체 또는 전체를 이루는 공동체에 해당된다.

이들 공동체적 커뮤니케이션은 공동체가 지향하는 이상, 목적 등에 관해 구성원들 사이의 상호 이해가 깊다. 야스퍼스는 이러한 공동체적 커뮤니케이션을 '내실 있는 커뮤니케이션(gehaltsvolle Kommunikation)'(Jaspers, 1973: 53)으로 규정한다(Salamun, 1985: 76). 내실 있다는 의미는 하나의 이념 및 의미 연관성을 지닌 참여에 기반한 상호 이해를 뜻한다. 따라서 정신적 커뮤니케이션은 하나의 전체라는 단일 이념을 공동체의 실체로 하여 구성되는 자기형성이다. 각 개인은 자신의 위치와 고유한 의미를 전체라는 틀 속에서 자각하게 된다(Jaspers, 1947: 377~380).

여기에서는 지배적 이념이 대상 그 자체와 동일한 것은 아니지만 보편적 총체성을 통해서 존재한다. 이는 비인격적인 사물(Sache)로서 비대상적 의미에서의 주체의 실현과 관련된 것이다. 원초적 현존재 공동체의 육신은 의식된 독립적 자아 자체의 구성원이 됨으로써 하나의 이념으로 전환될 수 있다. 즉 육신과 정신은 전혀 별개의 존재가 아니라, 단일 존재의 현상형태가 다르게 투영된 것을 의미한다(Jaspers, 1948: 340~341). 현존재 차원의 세 가지 커뮤니케이션 양식은 서로 연결되어 있는 것이다.

한편 정신 차원에서의 자아는 어떻게 규정되는가. 야스퍼스는 "정신으로서 자아는 하나의 이념적 위상으로 포괄적 전체 속에서 존재한다. 즉 전체에 소속되고 보호를 받음으로써 정당성을 부여 받는다"(Jaspers, 1947: 379)고 본다. 따라서 인간은 육신으로서 현존재도, 오성의 외형적 자아도 아니며, '내실의 소유자(Traeger eines Gehalts)'로서 존재한다. 이는 원초적 공동체성의 어둠 속에서, 또는 의식되기는 하지만 절대 채워질 수 없는 정신적 총체성에서 구현된다. 그리고 하나의 이념(Idee)으로서 이것은 오성적 규칙성이나 합목적성에서는 공통성을 지니고 있지만, 욕망 지향적 개별자로서의 자아 중심적 이익 추구에서는 다양성을 지니고 있다. 이는 어떤 근본적인 목적에 의한 것이 아니라, 개개인이 세계를 확장해 가면서 충족되는 의미를 통해서 규정된다. 즉 의식일반 차원에서는 정신 차원의 이념과 같은 내적 일치성이 존재하지 않는다는 점이 다르다고 할 수 있다(Jaspers, 1948: 340).

따라서 존재를 통한 이념과 그 구현 속에서의 정신적 소통은 인간으로 하여금 오성적이고 목적지향적인 공동체(의식일반 공동체)나 원초적인 공동체(현존적 공동체)보다도 타인과 강한 친밀성을 부여해 준다. 그렇지만 타자가 '나 자신'과 동일시되는 절대적 일치는 불가능하다. 즉 절대적 접근은 불가능하기 때문에, 나를 타인으로 대체할 수 있는 것이다. 또한 개개인의 고유한 이념적 관점을 타자의 관점으로 대체할 수도 있다(Jaspers, 1948: 341).

이러한 측면에서 볼 때 정신적 커뮤니케이션 관계에서 사람들은 진정한 자아존재를 실현하는 것이 불가능하다. 아울러 이러한 커뮤니케이션에서 자아는 본래의 자아자신과 동일화도 이루어지지 않는다. 세계 현존재의 객관성 속에서 개개인은 이러한 객관성을 깨트릴 수 있는 고유한 속성을 유지할 수 있다. 하지만 자아의 인생은 단지 이념에의 참여를 통해서만 내실이 충만해진다(Jaspers, 1948: 341). 따라서 이 커뮤니케이션 양식도 앞서 제시한 차원과 마찬가지로 역시 불충분한 커뮤니케이션 관계에 그치는 한계를 지닌다.

소통의 철학

한편 정신 차원에서의 공동체에서 구성원들은 전체 유기체 내에서 어느 한 개체가 다른 개체와 맺어지는 연결망처럼 상호 소통관계를 형성한다. 개개인은 다른 구성원과는 독립된 다른 존재이지만, 이들을 모두 포괄하는 하나의 전체 질서인 이념 속에서 공존한다. 전체 구성원은 하나의 공동이념을 구현하기 위해서 상호관계를 형성하는 것이다. 하지만 이들 개개인은 전체의 의미가 무엇인지 확실하게 파악할 수는 없다. 구성원은 최대한의 사유 범주 내에서 상호 소통하며, 무엇이 중요한 것인지를 제시한다. 전체를 위한 실질적인 내실이 채워지지 않는 한, 상호 커뮤니케이션은 무의미하고 우연에 불과한 것으로 인식될 뿐이다(Jaspers, 1947: 377~380).

정신을 기반으로 한 개별 구성원들의 집합체인 이념 공동체에서 정신은 수많은 이념 중에서 하나의 전체에 해당되는 것일 뿐이다. 즉 모든 이념을 포괄하는 총체로서의 전체라는 의미를 내포하는 것은 아니다. 따라서 하나의 전체로서 정신은 다른 수많은 전체와 연결되어야 하며, 각자 주어진 현실 속에서 미완성적 존재로 남아 있게 된다(Jaspers, 1947: 379). 요컨대 정신 단계에서의 커뮤니케이션은 앞서 제시한 커뮤니케이션 양식과 마찬가지로 이상적 상태가 아니다. 다만 이상적 커뮤니케이션을 지향하는 과정상의 한 단계를 의미하는 것이다. 그렇지만 현실사회에서 객관적, 실증적으로 도달할 수 있는 고도의 커뮤니케이션 양식임에는 틀림없다.

3. 현존재 소통양식의 비교 평가

1) 세 가지 양식의 비교

이상에서 서술한 바와 같이 야스퍼스의 현존적 커뮤니케이션은 한마디로 말해서 인간 현실 존재 차원에서 타자와 함께 이루어지는 다양한 관계적 삶을 뜻한다고 할 수 있다(Jaspers, 1973: 51 참조). 하지만 이를 기반으로 전개되는 세 가지 현존재 커뮤니케이션 양식은 서로 상이한 성격을 지닌다는 것을 알 수 있다. 이러한 현존재 커뮤니케이션의 세 가지 양식에 관한 특성들을 비교하면 명확한 차이를 보인다. 이에 관한 주요 내용은 다음과 같이 정리할 수 있다(표 1 참조).

〈표 1〉 현존재 커뮤니케이션 양식 비교

	현존재 차원	의식일반 차원	정신 차원
소통 성격	생존적/본능적	객관적/논리적	전체 이념적
자아의 의미	현재적/맹목적 자아	오성적/보편적 자아	이념 속의 자아
공동체 성격	생존적 공동체	이해 가능한 공동체	단일이념적 공동체
존재 관념	육체적 존재	의식적 존재	정신/이념적 존재
소통 목표	안전/행복	합목적적 정의	연대/유대
인식 관점	경험적/실용적 인식	보편적/과학적 인식	합일적/통합적 인식
소통 계기	공동 위협	진위 판단	공동 이념
소통 특징	확증성(確證性)	명증성(明證性)	신념
지향 이익	사적/개별 이익	합리적 이익	전체 이익
적용 사례	권력, 혈연, 기업 등 사적 이해관계	토론, 학문 영역, 서구 근대사회	종교, 국가 공동체

첫째, 세 가지 차원의 커뮤니케이션 성격을 살펴보면, 현존적 차원은 생존적이고 본능적인 데 비해서, 의식 차원에서는 객관적이고 논리적이며, 정신

차원에서는 공동 이념을 지향하는 성격을 갖는다는 점이 서로 다르다. 이는 커뮤니케이션의 계기가 현존적 차원에서는 공동의 위협 또는 위험이고, 의식일반 차원은 옳음과 그름의 판단, 그리고 정신 차원은 단일 이념을 지향하는 것과 밀접하게 관련된다.

둘째, 추구하는 커뮤니케이션 목적도 각각 다르다. 즉 현존적 소통 단계에서는 개인이나 사적인 안전 및 행복을 추구하는 사익과 관련되는 데 비해, 의식일반 단계에서는 합리적이고 타당한 논리를 통한 정의를 추구한다. 그리고 정신 단계에서는 전체 구성원에게 공통되는 이념을 지향하기 위한 연대 또는 유대감을 형성토록 한다.

셋째, 인식의 관점에서 살펴보면, 현존적 커뮤니케이션은 경험적이고 실용적인 데 비해서, 의식적 커뮤니케이션은 보편적이고 과학적인 관점을 지향하며, 정신적 커뮤니케이션에서는 통합적이고 합일적인 인식을 기반으로 한다. 이를 통해서 각 단계는 각각 확실하고(確證性), 명확하며(明證性), 확신 있는(信念) 커뮤니케이션을 추구하는 것이 특징이라고 할 수 있다.

넷째, 세 양식은 자아에 대한 인식 측면에서도 서로 다른 스펙트럼을 지니고 있다. 즉 현존재 차원에서는 단순히 현재적이고 맹목적인 자아의 의미를 내포하는 데 비해, 의식 차원에서의 자아는 오성적이고 보편성을 지니는 존재이다. 또 정신 차원의 자아는 전체 이념에 속한 개체로서의 인식을 기반으로 한다. 이는 자아에 관련된 존재의 초점이 각각 육체, 의식 및 정신이라는 것과 연관되어 있다.

다섯째, 공동체 성격을 비교해 보면, 현존적 소통 단계에서는 현실적이고 생존지향적 성격을 내포하며, 의식 단계 차원은 상호 이해 가능한 사회의 성격을 유지한다. 그리고 정신단계 차원에서는 하나의 이념으로 통일된 조직의 성격을 지닌다고 할 수 있다.

여섯째, 각 소통양식의 사례에서도 뚜렷한 차이가 드러난다. 예컨대 현존적 차원은 권력, 혈연, 섹스, 사익 추구 관계 등을 들 수 있다. 의식 차원은 진위를 기반으로 하는 토론, 학문 영역 또는 합리성을 기반으로 하는 서구 근대사회를 제시할 수 있다. 이에 비해 정신 차원의 양식은 종교단체, 국가 등의 이념을 대표적인 사례로 꼽을 수 있다.

이상과 같은 야스퍼스의 세 가지 커뮤니케이션 양식을 비판적 관점에서 조명할 경우, 각각 고유한 한계성을 안고 있다. 우선 현존적 커뮤니케이션 양식은 본능적 공감 및 이해에 따른 관계를 추구한다는 제한성을 지닌다. 따라서 이것이 절대화된다면 다른 차원의 커뮤니케이션, 즉 보편타당한 진리를 추구하거나 이념적 전체성을 추구하는 것이 포기될 수 있다. 아울러 현존적 차원에서 추구하는 행복, 만족 등이 무엇인지를 파악하기 어려우며, 또 무제한적 욕망으로 이어진다는 점에서 한계를 갖는다.

이에 비해 의식일반적 커뮤니케이션은 정당성에 기초하는 객관적 진리만을 추구하는 점이 한계점이다. 즉 확실한 정당성은 그 자체로는 무의미한데, 여기서는 이것이 지속적으로 증가된다. 이러한 타당성의 절대화는 소통 주체로서 자아 자신에게는 공허한 유희에 불과하게 된다.

한편 정신적 커뮤니케이션은 전체성의 이념을 구심점으로 파악하지만, 그 이념에 자아가 종속된다는 것이 한계이다. 이것이 절대화되면 현실로부터 유리된 사유로 인해 현실성이 없는 동경이나 현실 도피 등과 같은 현상이 나타날 수 있다.

상기한 바와 같이 현존재의 세 가지 객관적 커뮤니케이션 방식은 실제에 있어서는 고유한 한계점들을 내포하고 있다. 가장 낮은 단계에서는 오로지 자기 자신을 위한 커뮤니케이션이 이루어지고, 의식 차원에서는 사물적 타당성을 위해서 자아와 타자 간에 커뮤니케이션이 이루어지며, 정신 단계에서는 이념에 부합되는 차원에서 커뮤니케이션이 가능해진다. 이들 현존재 소통양식 간에는 서로 보완적 관계를 유지하면서 실존적 커뮤니케이션을 향한 지향성을 내포한다.

이 밖에도 야스퍼스의 현존재 차원의 커뮤니케이션 양식에 관한 추가적 문제점을 지적할 수 있다. 예를 들면 상기한 세 가지 커뮤니케이션 양식이 실제 사회현실에서는 명확하게 구분되는 것이 아니라 서로 혼합되어 존재하는 것은 아닌가 하는 의구심이다. 즉 이들 소통양식은 이론적, 추상적 차원에서만 구분될 수 있는 것은 아닌가? 또 이러한 소통양식은 사회현실(Soziale Wirklichkeit)과 유리된 이론에 그치는 것은 아닌가라는 문제가 제기될 수 있다 (Salamun, 1968: 276 참조).

2) 현존재 커뮤니케이션 평가

그럼에도 불구하고 야스퍼스가 제시하는 현존재 커뮤니케이션 체계는 중요한 의미를 내포하고 있다고 본다. 이를 구체적으로 살펴보면 다음과 같다.

우선 야스퍼스의 현존재 커뮤니케이션 양식은 인류학적 분류기준과 유사하다. 즉 육체-의식-정신이라는 차원으로 나누어 구성된다고 할 수 있다 (Salamun, 1968: 265 참조). 첫 단계인 현존적 소통단계는 동물과 유사한 욕망충족적 차원, 둘째 단계는 이전 단계를 전제로 전개되는 의식의 차원, 그리고 셋째 단계 역시 앞 단계들을 전제로 하며 '인간 존재'의 이상을 향해서 비약하는 정신적 소통 차원이다(Salamun, 1968: 279 참조). 따라서 세 가지 커뮤니케이션 양식은 각각 현실적 공동체성, 사물적 합목적성과 합리성, 그리고 이념 규정적, 내적 충만의 정신성을 반영한다고 평가할 수 있다.

그리고 세 가지 커뮤니케이션 양식 사이에는 상호 유기적인 관계가 형성되며 일종의 위계질서가 성립된다. 즉 가장 단순한 현존적 소통이 가장 낮은 단계, 의식일반의 소통이 중간 단계, 그리고 정신적 소통 차원이 가장 우월한 단계로 인식된다(그림 1 참조). 이들은 일련의 상향적 단계(aufsteigende Stufenfolge)로 이어지는 계층적 커뮤니케이션 양식을 구성한다는 관점을 보여준다(야스퍼스, 1999: 173; Salamun, 1968: 279 참조). 야스퍼스는 이들 세 가지 소통양식 사이의 관계에 대해 다음과 같이 말한다: "앞의 단계는 뒤의 단계가 없으면 무실체적으로 되며, 뒤의 단계는 앞의 단계가 없으면 무현실적으로 된다"(야스퍼스, 1999: 173 참조). 즉 세 가지 양식은 현실과 실체라는 두 축 사이에서 형성되는 특정한 커뮤니케이션 방식으로 정형화되어 있다. 또한 단계가 높을수록 총체적이고 내면적이며, 단계가 낮을수록 개별적이고 외형적인 성격이 강해진다고 평가할 수 있다.

결국 이러한 야스퍼스의 상향 단계적 커뮤니케이션 관점은 가치판단이 개입되어 있다. 즉 현존재 단계는 저차원적이라는 의미가 내포되어 있으며, 단계가 높아질수록 더 높은 가치, 또는 더 나은 의미를 내포하는 것으로 인식된다. 이른바 '계몽적 사유모델(aufklaererische Denkmodell)'이 반영되어 있다. 따라서 궁극적으로는 '실존(Existenz)'을 인간이 도달해야 할 최고 단계이자 최선의 존재로 인식하는 시각이 반영되어 있다. 잘라문은 이러한 야스퍼스의 단계적 사유는 초월자또는 우주존재(Seinskosmos)를 정점으로 전개되는 체계라고 평가하기도 하였다(Salamun, 1968: 278 참조). 이는 야스퍼스가 커뮤니케이션을 어떤 대상적 인식이아니라 관계적 인식으로 규정하는 것과 관련된다고 할 수 있다. 즉 커뮤니케이션을 요소나 존재보다는 관계 차원에서 인식하는 것이다. 이런 관점에서 볼 때, 커뮤니케이션은 정형화되고 고정적인 것보다는 다변적이고 가변적이며, 유형적인 것보다는 무형적이고 형이상학적인 성격을 내포한다.

3단계	정신(Geist) 차원
2단계	의식일반(Bewusstsein) 차원
1단계	생존(Dasein) 차원

한편 야스퍼스의 세 모델은 사회적 현실에 적용되는 커뮤니케이션 양식이다. 따라서 각 양식은 인간이 '사회적 자아(soziale Ich)'로 역할을 하는 것을 전제로 한다(Salamun, 1968: 276~277). 사회적 현실이란 사회적 자아로서 인간이 다른 사람과 커뮤니케이션 관계를 형성하는 것을 뜻한다. 이를테면 공공 영역, 생활 영역이 이에 해당되는 것으로 개개인은 주어진 현실 영역에서 사회적 존재로 일정한 역할을 수행한다(Salamun, 1968: 276).

이들 세 가지 소통양식은 사회적 관계 차원에서 서로 긴밀하게 연계되어 있다. 따라서 어느 특정한 공동체 관계의 소통은 한정된 정보만을 공유하게 된다. 예컨대 단순한 현존재 차원에서는 심리적으로 원초적인 것, 의식일반 차원에서는 이성적이고 합목적적인 것, 그리고 정신 차원에서는 전체 이념적인 것을 인식하게 된다. 다시 말하면 우선 개개인의 심리적, 생물학적 현실이 1차적인 기초(Grundlage)로 작동되고, 이어서 2차로 합목적성이 수단(Medium)의 역할을 하며, 전체성의 이념이 공동체의 유대(Bindung)를 형성하면서 조화를 이룬다고 평가할 수 있다(Jaspers, 1948: 341).

야스퍼스의 커뮤니케이션 양식은 결국 동일자의 다양한 소통형태를 체계화한 것으로 판단할 수 있다. 이는 인간 현존재로서 동일한 자아가 주체 속에 내재해 있는 속성에 따라 타자와 다양하게 교류관계를 형성하고 있음을 제시하는 것이다. 다양한 존재양식에 따라 커뮤니케이션 양식을 다원화하여 제시하는 방식이다. 그럼에도 불구하고 이러한 세 가지 현존재 커뮤니케이션은 인간의 이상적 커뮤니케이션 단계에는 이르지 못한다고 할 수 있다. 그 이유는 크게 세 가지로 정리할 수 있다.

첫째, 현존재 커뮤니케이션 양식들은 진정한 자기 자신의 커뮤니케이션을 구현하지는 못한다. 무엇보다 자아는 언제든지 타자로 교체될 수 있는 가능성을 내포하고 있어서 나 자신의 고유한 자아실현을 위한 커뮤니케이션은 불가능하기 때문이다(Salamun, 1985: 76). 다시 말하면 우선 고유한 주체로서의 자아가 커뮤니케이션 관계를 형성하는 것이 아니다. 즉 주체적 소통이 이루어지지 않는 것이다. 나아가 언제나 타자로서 대상적 커뮤니케이션 관계, 즉 객체적 소통의 성격을 지니고 있다. 따라서 현존재 커뮤니케이션 관계에서 개인은 절대적 존재가 아니라, 수많은 구성원 중의 한 사람으로서 상대적 존재에 그칠 뿐이다.

둘째, 타자와의 관계에서도 현존재 커뮤니케이션은 불완전하고 불만족스럽다. 자아가 마주하는 대상인 타자와 지배 혹은 복종 관계가 되어서는 진정한 커뮤니케이션에 이를 수 없다. 커뮤니케이션 관계에서 타자는 자유롭고 독립적인 또 다른 자아로 존재해야 한다. 왜냐하면 타자는 나의 대상이 아니라 나와 마주하는 다른 자아로서, 자아와 타자는 각각 서로를 인정하고 성장하며 더불어 존재하는 존재자이기 때문이다. 이런 점에서 볼 때 현존재 자아를 중심으로 한 커뮤니케이션은 완전하지도 만족스럽지도 못하다. 진리, 즉 자타(自他)의 일치·조화·합일은 나에게만 해당되는 것이 아니고, 타자에게도 똑같이 적용되는 것이기 때문이다.

셋째, 현존재 커뮤니케이션 양식은 모두 객관적으로 현상형태가 드러나는 커뮤니케이션 양식에 한정된다. 이는 인간 내면 차원의 주관적 커뮤니케이션 양식에 대비된 개념을 내포하고 있음을 의미한다. 동시에 이들은 사회적 커뮤니케이션의 성격을 지니는데, 각각의 커뮤니케이션 양식은 주어진 특정 상황이나 영역에 한정된 타당성과 필연성을 갖는다는 한계를 지닌다.

그 밖에 야스퍼스의 현존재 커뮤니케이션은 인간과 인간 사이의 인격적 커뮤니케이션 관계만을 의미하는 것으로 한정된다. 즉 자연 대상과의 비인격적 커뮤니케이션이나, 신을 대상으로 하는 초인격적 커뮤니케이션 관계는 배제된다. 자연과 인간 사이의 커뮤니케이션은 야스퍼스가 지향하는 실존 구현적 커뮤니케이션과는 거리가 멀기 때문이다. 즉 인간 사이에서 서로 선의의 경쟁을 통한 자기실현의 과정이라는 야스퍼스의 커뮤니케이션 관점에서 볼 때, 자연과의 커뮤니케이션은 성격을 달리한다. 아울러 신과 인간의 소통관계에서는 인간 본연의 자아 형성이 불가능하다. 신과 인간의 커뮤니케이션 관계는 자아 형성을 위한 자아존재가 소멸되어 맹목적인 관계를 지향하게 된다. 따라서 이는 결국 인간과의 진정한 커뮤니케이션을 형성하지 못하게 가로막는 장애를 지니는 것으로 인식된다(이인건, 1997: 136~137 참조). 한마디로 야스퍼스는 오직 진정한 휴머니즘 이상의 구현을 위한 차원에서 커뮤니케이션을 위치지우고 있다고 평가할 수 있다. 이런 관점에서 현존재 소통은 자연스럽게 실존적 소통으로 향하게 된다.

4. 실존적 커뮤니케이션

1) 비실존에서 실존적 소통으로

실존적 소통에서는 우선 실존이란 무엇인가를 이해하는 것이 필요하다. 실존이란 인간이 자기존재를 경험하는 과정에서 획득될 수 있는 본래적인 존재를 의미한다고 할 수 있다. 따라서 실존은 객관적 인식 대상이 아니라 해명되어야 하는 대상이라고 할 수 있다. 즉 실존은 사유과정을 통해 실현되는 것이 아니라 자기존재의 경험과정을 통해 도달되는 존재이다. 그런데 실존은 존재함(Sosein)이라는 정태적인 상태의 존재가 아니라, '존재 가능성(Seinkoennen)' 또는 '가능적 존재'라는 동태적 특성을 지니고 있다(Saner, 1998: 181). 이와 관련해서 자너는 "실존이란 존재하거나 존재하지 않는 현존과 같이 항구적인 의미로 현존하는 것이 아니다. 오히려 실존은 가능성으로서 존재하며 생성하고 스스로를 밝히는 것이면서 스스로를 상실하는 것이다(Saner, 1998: 182)"라고 말한다. 따라서 실존은 "영원을 현재화하는 것으로서 시간 속에서 자기가 자기 자신에게로 돌아오는" 역사적 속성을 지닌 동태적 존재를 의미한다.

실존은 현존재를 전제로 해명될 수 있다. 앞에서 언급했듯이 야스퍼스는 인간의 본질을 신체-육체-영혼-정신과 같은 전통적인 인간 이해와 유사하게, 인간 존재 양태를 현존재-일반의식-정신-실존으로 나누기 때문이다(Salamun, 2011: 96). 이 중 '현존재-일반의식-정신'은 현존재로서 인간상을 반영하고, 실존은 가능적 실존으로서 인간 본질을 대변한다.

일상적 현존재의 세 가지 차원은 인간을 정적인 존재로 이해하는 데 비해, 실존적 차원에서는 인간을 동적인 존재, 즉 생성과 가능성을 지닌 존재로 본다. 이러한 다차원적 인간 이해를 기반으로 야스퍼스의 소통이론은 전개된다. 즉 현존재, 의식일반, 정신 차원은 비실존적 소통 영역에 해당되고, 이를 전제로 실존적 소통이 전개된다. 비실존적 소통양식들이 지니고 있는 한계성이나 불만족을 극복하려고 궁극적으로 인간은 실존적 소통으로 나아가는 것이다.

그런데 현존재 차원의 소통에서 타자와의 소통관계가 불충분하고 불만족스러운 상태에 그치는 한계성을 지니는 이유는 무엇인가? 이에 관해서는 다음과 같이 두 가지로 설명할 수 있다.

첫째, 우연적 상황에서 이루어지는 비실존적 소통관계는 부분적인 목표만 충족시킬 수 있을 뿐, 유한한 인간이 추구하는 무한성의 궁극적 욕망을 충족시키지 못한다. 즉 현존재, 의식일반, 정신 차원에서 이루어지는 소통관계들은 총체적인 목표 달성에는 부족하고, 인간의 유한성을 극복하지 못하는 불충분한 상태에 그치는 한계성을 지니고 있다.

둘째, 이들 현존재의 소통양식들을 통해서는 어떤 특정한 만족을 얻을 수는 있지만, 절대적 만족을 경험하지는 못한다. 이러한 소통관계에서는 고유한 존재로서 나 자신이 참여하는 것도 아니고, 인간 자신이 처한 한계상황을 돌파하는 실존 상태에서의 소통도 아니기 때문이다. 하지만 현존재로서 경험이 주는 불만족성은 실존적 소통으로 들어가게 하는 계기가 된다. 자기존재는 본래적인 존재 자체로서 홀로 존재하는 것은 아니기에 새로운 실존적 소통관계에 들어가게 되는 것이다.

야스퍼스에 따르면 인간은 오직 타자와의 소통에서만 존재한다고 한다. 이러한 실존적 소통은 단독적으로 존재하는 것이 아니라 현존재, 의식일반 그리고 정신 단계의 소통을 초월하여 이르게 되는 궁극적 단계이다. 그러면 인간이 실존적 소통에 이르는 주요 계기는 무엇일까?

2) 실존적 소통의 계기: 한계상황, 고독

이에 관해서는 무엇보다 인간이 처한 한계상황을 들 수 있다. 현존재로서 인간 삶은 근본적인 한계에 부딪히게 될 수밖에 없다. 현존으로서 인간은 죽음, 고통, 슬픔 등을 피할 수 없고 좌절을 맛볼 수밖에 없기 때문이다. 인간이 직면하는 이러한 상황은 개개인의 행위나 경험 또는 외적인 조건에 따라 달라지는 우연적이자 변화 가능한 것도 있지만, 죽음과 같이 유한한 존재로서 인간이 피할 수 없는 궁극적인 상황도 있다. 이런 궁극적 상황을 야스퍼스는 '근본상황(Grundsituation)'이라고 규정한다. 그리고 근본상황 속에서 개개인이 처한 상황을 다시 '한계상황(Grenzsituation)'이라고 명명하였다(Saner, 1998: 190).

개개인이 직면하는 이러한 한계상황은 두 가지 결과를 낳는 계기가 된다. 즉 한편으로는 인간으로 하여금 고독한 존재로 전락하게 할 수 있다. 현존재로서 살아가는 인간이 흔히 마주하게 되는 모습이다. 그러나 인간이 마주하는 한계상황은 스스로 좌절을 극복하고 실존으로 비약하는 계기를 맞이하는 발판이 되기도 한다. 야스퍼스는 유일한 존재로서 개인이 한계상황을 경험하고 체험함으로써 실존으로 전환된다고 본다. 따라서 한계상황은 단지 현존으로서 개개인이 처한 한계를 말하는 것이 아니다. 오히려 한계상황은 다른 어떤 것, 즉 실존이 존재한다는 가능성을 제시하는 계기를 내포하고 있다.

한편 실존적 소통으로 이끄는 또 다른 전제조건은 '고독'이다. 야스퍼스는 왜 고독을 실존적 소통의 전제라고 보는가? 이에 대해 야스퍼스는 저서 《철학 2》에서 이렇게 말한다: "소통은 두 사람 사이에서 이루어진다. 두 사람은 상호 연결되어 있지만 각각 독립된 존재로 유지되어야 한다. 둘은 고독으로부터 나와 서로 만난다. 소통관계를 경험함으로써 두 사람은 고독이라는 것을 알게 된다. 소통에 들어가지 않으면 자기 자신이 될 수 없고, 고독하지 않으면 소통으로 들어가지 못한다"(야스퍼스, 2019: 61). 따라서 고독해야 자기 자신을 찾을 수 있다고 할 수 있다.

고독은 홀로 던져진 존재인 인간이 깊이 성찰하고 사유함으로써 근원으로서 자기존재를 자각하게 하는 계기를 부여한다. 따라서 실존에 이르고자 한다면, 또 자아실현의 존재가 되고자 한다면, 진정 고독을 경험하고 자각해야 한다.

흔히 사람들이 고독에 처하면 취하는 잘못된 행동을 야스퍼스는 다섯 가지로 설명하고 있다(Salamun, 2011: 130): 첫째, 영웅주의나 엘리트주의에 사로잡힌 이기적이고 자아도취적 행동. 둘째, 교회 공동체 등에서 봉사 헌신하면서 권위에 순순히 복종하며 고독을 지양하는 행위. 셋째, 다른 사람을 복종시켜 권력 본능을 실현함으로써 고독을 보상받으려는 행위. 넷째, 자기기만과 착각과 같은 거짓된 관계를 통해 고독을 도피하려는 행위. 다섯째, 타자에게 자신의 감정을 표출하거나 타자를 도구화하는 등 자기중심적 행위를 통해 고독으로부터 탈출하려는 시도.

이와 같은 고독에 대한 잘못된 행위와는 달리, 야스퍼스는 내면세계 또는 자아성찰의 계기로서 고독을 긍정적으로 인식한다. 이때 고독은 수동적 상태가 아니라 용기를 동반한 고독으로 명상적, 창조적 자각에 이르게 한다. 나아가 자아실현과 실존적 소통의 불가결한 조건으로 받아들여진다.

3) 실존적 소통의 본질

실존은 개개인이 현존재를 넘어 도달할 수 있는 절대적 존재라고 할 수 있다. 두 실존은 서로 만나 아우러져 하나가 될 수 있는 것은 아니다. 또 서로 뒤바뀌거나 대체될 수 있는 것도 아니다. 대신 자아를 활짝 드러내 서로 상대방에 몰입하는 과정, 즉 소통을 통해 자기 스스로를 실현하게 된다. 따라서 인간은 독립된 개체적 존재로 남아 있는 상태에서는 무기력하나, 또 다른 실존과의 만남을 통해서 각자 자기 자신이 실현될 수 있다.

실존적 소통이 현존재 소통과 다른 점은 무엇보다 실존으로서 나의 본래적 자기를 실현하게 해준다는 점이다. 이런 소통현상은 실존과 또 다른 실존 사이에서만 일어날 수 있다. 이들 실존은 다른 사람으로 대체될 수 없는 존재로서 자기 창조에 이르게 되는 것이다.

야스퍼스는 개별적 인간은 혼자서는 인격적 존재가 되지 못하며, 다른 존재와의 만남을 통해서 자기존재가 된다고 본다. 소통은 인간의 근본조건이자 본질로 인식되는 것이다. 한마디로 인간을 '소통적 존재(In-Kommunikation-Sein)'라고 인식하는 것이다. 나아가 소통을 통해서 인간은 실존이 된다는 점에서 소통은 실존의 근원이라고 바라본다. 이러한 야스퍼스의 소통적 실존은 '단독자로서 실존'을 제시하는 키르케고르의 실존철학과 차이를 지니고 있다. 하지만 야스퍼스와 키르케고르는 인간이 자아존재를 찾아가는 데 타자가 필요하다는 점을 제시하고 있다는 점에서는 공통점을 지닌다. 다만 그 타자가 키르케고르에게는 신이고, 야스퍼스는 초월자라는 점이 다르다. 따라서 키르케고르는 종교적 실존을, 야스퍼스는 철학적 실존을 지향하는 것이다.

실존적 소통은 두 자아 사이에서 이루어지는 참된 소통으로 일회적이며 반복되지 않는다. 또한 경험적인 것이 아니기 때문에 직접적으로 표현될 수도 없다. 따라서 실존적 소통은 인식될 수 있는 것이 아니고 해명될 수 있다. 이러한 실존적 소통관계에 들어선 "실존으로서 나는 항상 존재 또는 비존재의 결단 안에 있다"(야스퍼스, 2019: 118).

실존적 소통은 대등한 두 주체 사이에서 이루어지는 간주관적 소통관계이다. 이를 통해 두 주체는 자기존재의 생성, 즉 상호 창조에 이르게 된다. 이 점에서 실존적 소통은 주체 홀로 본래적 자기 생성에 그치는 것이 아니라, 타자의 자기 생성과 함께 이루어지는 상호 호혜적 성격을 지니게 된다. 야스퍼스는 이런 소통관계의 핵심을 독립 존재와 공동 존재 그리고 사랑의 투쟁 세 가지로 제시하고 있다.

(1) 독립 존재와 공존적 존재

실존적 소통의 필수적 요소 중의 하나는 참여 주체의 두 가지 속성이다. 이와 관련 야스퍼스는 이렇게 말한다: "소통은 서로 연대하는 두 사람 사이에서 일어나지만, 그 두 사람은 각각 독립된 존재로 남아 있어야 한다"(야스퍼스, 2019: 123).

먼저 실존적 소통에서 나는 늘 독립된 주체(Ichsein)로서 서 있는 존재여야 한다. 그렇지 않다면 나는 타자 안에서 나를 잃어버리게 되고 이에 따라 소통 관계를 상실하게 된다. 독립된 자기존재는 참된 소통의 전제조건이 된다. 하지만 내가 독립 존재로서만 남아 있고, 타자와 함께 연대하지 않으면 소통은 불가능하게 된다. 따라서 실존적 소통의 또 다른 필수적 요소는 타자와 함께 하는 공존적 존재(mit-dem Anderen-Sein)의 속성이다. 만약 고립된 자기로 남아 있으면 나는 빈약해지고 소통관계를 맺을 수 없다. 소통은 독립 존재가 공동 존재로 변환하는 계기라고 할 수 있다. 하지만 공동 존재는 현존재 소통처럼 타자와의 사랑의 관계가 없이는 이루어지지 못한다. 사랑의 소통관계는 타자와 함께 내가 나 자신이 될 수 있게 하는 원동력이다. 따라서 독립 존재로서 나, 그리고 공존적 존재로서 나의 속성은 실존적 소통이 이루어지기 위해 필수적으로 요구된다. 쉽게 표현하면 '따로 또 함께 존재'가 실존적 소통의 필수적 요인이라고 할 수 있다.

그러면 독립 존재이자 공존적 존재가 지향하는 것은 무엇인가? 야스퍼스는 이를 '자아 드러냄(Offenwarwerden)'과 '자아실현(Wirklichwerden)'이라고 본다. 나라는 독립된 존재가 또 다른 타자와 함께하는 공존적 존재가 될 때 비로소 나라는 존재가 드러나는 것이고, 궁극적으로 본래 존재로서 나(Ich als Selbst)를 실현하는 것이다. "드러남과 실존적 실현의 관계는 무로부터 생성되는 상호성으로 형성되고 또 자연스럽게 이루어진다. 드러남과 실현됨의 과정은 고립된 실존에서가 아니라 타자와 함께할 때에만 수행된다. 개별자로서 나는 스스로 드러나거나 실현되지 않는다"(Jaspers, 1948: 351). 이는 실존적 소통에서 실존 실현을 위한 자아 드러냄의 중요성을 느끼게 한다. 그러면 자아 드러넘은 어떻게 이루어질 수 있을까? 자아 드러넘의 과정을 야스퍼스는 '사랑의 투쟁'이라고 한다. 따라서 사랑의 투쟁은 실존적 소통의 또 다른 핵심에 해당된다.

(2) 사랑의 투쟁

사랑의 투쟁(das liebende Kampf) 과정은 사랑이자 투쟁이라는 독특한 관계이다. 상대를 미워하고 증오하는 투쟁이 아니라 사랑하는 투쟁이다. 무엇이 사랑하는 투쟁인 것인가? 이에 대해 야스퍼스는 사랑의 투쟁은 상호 개방성, 힘과 우위의 배제, 나와 타자의 상호 존중을 전제로 한다고 본다(Jaspers, 1948: 351~352). 이를 통해 나와 타자는 서로 숨김없이 자기 자신을 상대에게 개방하고 연대하여 이익과 손실을 공유하는 투쟁을 한다. 이 투쟁은 상호 간 적대적인 것이 아니라 오직 진리를 위한 나와 너의 공동의 투쟁이다. 따라서 만약 나와 너 사이에 지식, 지능, 능력 등에 차이가 있을 경우 우위를 고르게 하여 대등한 수준에서 우호적인 투쟁이 이루어지도록 한다. 이 투쟁 속에서는 상호 인정과 긍정이 내포되어 있다. 이런 점에서 사랑의 투쟁은 타자와 적대적으로 대립하거나 상대를 파멸로 이끄는 결과를 초래하는 객체적 투쟁과는 다르다. 오히려 호의를 갖고 상대를 진심으로 받아들이는 사랑의 행위로서 투쟁을 의미한다.

"사랑의 투쟁이 이루어지는 실존적 소통에서는 모든 것을 상대방의 재량에 맡긴다"(Jaspers, 1948: 352). 서로가 상대방에게 모든 것을 허용하면 다툼이나 싸움의 요소가 스며들지 않고 오히려 사랑과 신뢰가 넘치게 된다. 더구나 상호 등등한 입장에서의 이러한 사랑의 투쟁은 진솔한 의견 교환과 깊은 유대감을 형성하게 된다. 따라서 사랑의 투쟁은 두 실존을 분리시키는 것이 아니라,

상호 연대를 강화하고 궁극적으로 자아실현에 이르도록 이끌게 한다. 동시에 소통관계에 들어선 두 사람 내면에 존재하는 폐쇄성과 소통의 방해물과 싸우는 이타주의적인 상호 노력이 사랑의 투쟁인 것이다(Salamun, 2011: 134). 이를 통해 사랑의 투쟁은 서로가 상대방에게 자유와 개방을 부여하는 계기가 된다. 사랑을 바탕으로 이루어지는 두 실존 사이의 투쟁이자 대화의 과정으로 실존적 소통은 상대방과 소통하면서 궁극적으로 자기 자신을 발견하는 현상이다.

이상에서 살펴본 실존적 소통의 두 가지 요소는 소통 참여자의 존재적 특성과 관계적 특성을 제시하는 것이라고 할 수 있다. 즉 독립 존재와 공동 존재는 나의 존재적 특성이고, 사랑하는 투쟁은 나의 관계적 특성에 해당된다. 따라서 존재와 관계는 전혀 별개가 아니라 상호 밀접하게 연결되어 있다. 즉 실존으로서 존재는 실존적 관계를 낳는 전제가 되고, 실존적 관계 형성은 인간이 실존으로 거듭나거나 생성되는 데 결정적으로 기여하게 된다.

4) 실존적 소통의 특성

한편 이러한 실존적 소통은 현존적 소통과는 달리 고유한 특성을 내포하고 있는데 이는 크게 네 가지로 정리할 수 있다.

첫째, 실존적 소통은 주체와 주체 사이의 소통현상이다. 소통관계가 주체-객체 관계가 아니라 동등한 주체-주체 관계라는 점이다. 만약 소통관계가 주체와 대상 사이의 소통으로 취급될 경우에는 더 이상 실존적 소통이 아니게 된다. 왜냐하면 실존적 소통에서 타자는 대체 불가능한 인격체이어야 하기 때문이다. 마주하는 대상이 비인격체 또는 제삼자인 경우 참된 소통은 이루어지지 않는다. 만약 대상이 그것(It) 또는 그(He)일 경우 실존적 소통관계는 불가능하다. 오직 마주하는 대상이 너/당신(Thou)일 경우에만 실존적 소통관계가 가능해진다(신옥희, 2011: 132).

둘째, 실존적 소통은 상호적 자기존재의 창조과정이다. 실존적 소통은 드러남의 과정이라고 한다. 이는 이미 나에게 존재했던 숨겨진 어떤 것이 드러나는 것이 아니라, 실존의 가능성이 새로이 생성되고 창조되는 것이다. 또 이런 현상은 오직 나에게만 일어나는 것이 아니라 마주하는 타자에게도 동일하게 다가오는 것이다. 따라서 실존적 소통은 드러남의 과정이자 상호적 자기창조의 과정이라고 한다(신옥희, 2011: 132). 실존적 소통은 나 홀로 가능한 것이 아니라, 타자와 함께함으로써 가능해진다. 타자 또는 너와 함께하는 실존적 소통은 나와 너의 동등한 소통이라는 점이 특징이다. 따라서 실존적 소통은 나뿐만 아니라 너 자신도 자아실현에 이르는 것이다.

셋째, 실존적 소통은 객관적 소통과 대립적이다(야스퍼스, 2019: 113). 객관적 소통이 가시적으로 확인할 수 있는 것과는 반대로 실존적 소통은 객관적으로 인식할 수 있는 현상이 아니기 때문이다. 실존적 소통은 실존 자체만이 경험할 수 있을 뿐이다. 이런 점에서 실존적 소통은 인식이 불가능한 소통현상이다. 말로 표현할 수 없는 정신적이자 실존적인 현상이다. '절대적 단독자'로서 인간 실존은 이해하기 어렵고 직접적으로 표현할 수 없는 존재인 것이다. 야스퍼스는 "내가 나의 존재를 다른 존재와 함께 드러내면서 나의 본래적 존재를 알게 되는 실존적 소통은 경험적으로는 존재하지 않는다"고 말한다. 실존과 실존의 관계는 보이거나 증명될 수 없는 것으로 간접적으로만 전달될 수 있다(이인건, 1997: 108~109).

넷째, 실존적 소통은 자기 자신과의 관계 속에서 초월자와의 관계를 의미한다. 실존적 소통은 개개인이 본래의 인간에 이르게 하는 방편이다. 실존은 영원을 현재화하는 것이기 때문에 초월적인 것이다. 또 스스로는 자기 자신을 창조하지도 못한다. 따라서 개개인이 홀로 실현할 수 있는 것이 아니라 절대적 타자, 즉 초월자의 도움 속에서 실존이 가능해진다. 초월자는 나의 자유로움 속에서만 가능적 실존을 발견하게 하는 존재인 것이다(Saner, 1998: 170). 다섯째, 실존적 소통은 시간 안에서 이루어지는 일회적인 과정이다. 실존적 소통에서는 단지 순간의 확실성만 존재할 뿐이다. 개인의 삶은 시간 안에서 이루어지는 고유한 현상이고, 참된 실존으로서 경험하는 소통도 유일무이한 현상이다. 모든 사람은 가능적 실존으로 실존적 소통에 들어설 수 있는 존재인 것이다. 그러나 모두가 이를 실현하는 것은 아니다.

5) 실존적 소통의 평가

이상에서 살펴본 바와 같이 실존적 소통은 현존재로서의 인간이 지향하는 비실존적 소통양식과는 전혀 다르다. 현존재로서 경험하는 소통양식들은 언제든지 타자로 교체될 수 있으나 실존으로서의 소통은 그렇지 않다. 인간 개개인은 본질적으로 독특하고 반복 불가능한 역사성을 갖고 있기 때문이다(월레프, 1997: 11). 이런 차원에서 유일무이한 존재로서 자신의 삶을 가장 이상적으로 지향하는 것이 실존에 이르는 것이고, 이를 가능하게 하는 것이 실존적 소통이라고 할 수 있다. 실존적 소통은 개별적 인간이 자기존재의 절대적 근원으로 회귀함을 뜻한다. 이는 현존재 양식을 통해서는 불가능하고, 자신의 참된 존재를 실현하는 실존만이 가능한 소통인 것이다(Saner, 1970: 183). 달리말하면 실존적 소통은 인간 개개인이 자아실현을 이루는 것을 의미한다. 그리고 나와 상대방의 실존 구현을 위한 상호적 사랑의 투쟁이자 실존의 진리를위한 사랑의 투쟁이라는 점이 독창적이라고 할 수 있다.

야스퍼스의 실존적 소통사상은 인간커뮤니케이션의 새로운 지평을 제시하고 있다. 즉 다른 사람과의 일상적 소통이나 객관적 세계와의 소통관계를 돌파하는 새로운 관점을 제시한다는 점이 중요하다. 그는 키르케고르의 고독한 실존자를 넘어서는 동시에 자기존재를 부정하는 관점을 극복한다. 이를 통해 야스퍼스의 사상은 소통을 통해 실존의 실현 가능성을 보여주고 있다는 점에서 높이 평가된다.

5. 맺음말

이상에서 알 수 있듯이 야스퍼스에게 커뮤니케이션이란 '인간존재의 보편적 조건(Universale Bedingungen des Menschseins)'이자, 사유하는 것의 가장 포괄적인 근원(Ursprung)으로 인식하고 있다. 야스퍼스의 커뮤니케이션 사상은 철학적 인간학에 기초하여 전개되는 것으로 근원적 휴먼 커뮤니케이션의 실현을 지향한다고 할 수 있다. 따라서 이는 정보의 전달 또는 교류라는 현대사회의 지배적 커뮤니케이션 패러다임과는 근본적으로 다르다.

이를 위해 야스퍼스는 먼저 인간 현존재와 관련된 커뮤니케이션 양식에 대한 분석을 시도하였다. 구체적으로 야스퍼스는 현존재 커뮤니케이션을 현존, 의식일반, 정신 차원으로 세분하여 설명하고 있다. 현존적 커뮤니케이션은 구성원들이 상호 대립하는 가운데 현존을 유지하고 촉진시키기 위해서 동정과 관심으로 엮어진 공동체적 현상이다. 이와 달리 의식일반적 커뮤니케이션은 대체 가능한 이성의 단순한 합리적 사유를 기반으로 하여 모든 구성원을 하나로 묶는 보편성을 내포한다. 그리고 정신적 커뮤니케이션은 특정한 주관성으로 가득 차 있는 사유를 토대로 하고 있다. 상상력에 의해 고무된 채 전체라는 특정 이념의 공동적 주체에서 나온 커뮤니케이션 공동체이다.

그런데 이러한 현존재 커뮤니케이션의 세 가지 양식은 제한된 범위 내에서만 진리의 타당성을 갖는다고 평가할 수 있다. 구체적으로 현존적 단계에서는 현존 자체를 유지시키는 것이 커뮤니케이션의 진리이다. 또 의식일반 차원에서는 옳고 그름을 가리는 정의가 진리로 인식된다. 그리고 정신의 단계에서의 진리는 유한한 이념을 통해서 전체를 일치시키는 것에 제한된다. 따라서 근본적인 관점에서 볼 때, 현존재 전반 차원에서의 커뮤니케이션은 참된 존재를 파악하는 진정한 진리에 도달하는 데에는 불완전하고 불충분하다.

이에 반해 실존적 커뮤니케이션 차원은 이성의 무한한 운동을 통해서 초월자의 궁극적 진리를 향해 나아가도록 하는 이상적 소통과정이다. 한계상황을 넘어서 실존으로서 자기존재에 이르도록 한다. 야스퍼스의 '사랑하는 투쟁'은 소통관계의 두 사람이 실존에 이르도록 이끄는 고유한 방편이기도 하다.

이러한 야스퍼스의 소통사상이 지닌 가치는 무엇이라고 할 수 있는가? 야스퍼스의 현존재 커뮤니케이션 사상은 현실사회의 다양한 커뮤니케이션 양식을 설명하는 틀을 제공하는 한편, 인간소외의 원인을 진단하고 타개하기 위한 이정표를 제시해 준다고 할 수 있다. 나아가 평면적이고 직선적인 사고에 입각한 커뮤니케이션 패러다임과는 달리, 야스퍼스가 제시하는 커뮤니케이션 패러다임은 외형적인 것보다는 내면적 소통과정이다. 피상적 소통을 넘어서 실존적 관계에 기초한 승화과정의 성격을 지닌다고 평가할 수 있다. 이를 기반으로 야스퍼스의 커뮤니케이션 사상은 인간 개인의 자아실현 그리고 이상적 사회공동체를 구현하는 데 기여할 수 있는 가치를 내포한다.

정리하면 야스퍼스 커뮤니케이션 사상은 실존철학 관점에서 인간커뮤니케이션의 본질을 규명하였다는 점에서 독창적 의미를 갖는다. 야스퍼스는 개개인의 현실적 삶을 위한 조건으로 커뮤니케이션을 규정하여 궁극적으로 자아실현에 이르도록 안내한다. 동시에 사회적 커뮤니케이션을 인간의 존재양식에 따라 체계화하여 이상적 커뮤니케이션 공동체 구현을 지향한다. 요컨대 야스퍼스의 커뮤니케이션 사상은 자아실현은 물론 공동체 구현에 기여토록 한다. 이러한 커뮤니케이션 인식론은 현대 자본주의 사회의 물신화, 인간소외 등의 혼란을 극복하고 커뮤니케이션을 통한 인간 및 사회의 이상적 상(像)의 실현 가능성을 제시하고 있다.

특히 현대사회의 자본주의적 커뮤니케이션 양식은 도구화되어 이에 대한 근본적 반성이 시급한데, 야스퍼스의 실존적 소통은 휴머니즘에 입각한 인식 전환을 성찰토록 한다. 최근 다양한 미디어의 등장에도 불구하고 오히려 소통 문제가 더욱 심각해지는 현대사회의 모순은 기존의 매스커뮤니케이션 이론이나, 도구적, 기능적 커뮤니케이션 인식 관점의 한계성을 반증하는 것이기도 하다.

이러한 커뮤니케이션 문제는 더 이상 매체 기능적 차원의 접근으로는 해소되기 어렵다. 대신 커뮤니케이션 본질 자체에 대한 새로운 인식을 요한다고 할 수 있다. 이에 상응하여 야스퍼스는 커뮤니케이션을 인간존재의 근원으로 제시하고, 인간 내면적 의식의 다단계적 승화를 바탕으로 하는 커뮤니케이션 모델을 제시하였다. 이러한 야스퍼스의 통찰력은 기존의 인간커뮤니케이션 패러다임을 전환시킬 수 있는 전망을 제시해 준다. 즉 도구적, 합리적 소통양식을 인간 본연의 소통양식으로 전환하는 계기를 부여할 수 있다. 이를 통해 궁극적으로는 인간 본연의 자아실현에 이르는 실존적 소통이 실현되는 데 기여할 수 있다.

참고문헌

김진웅, 2012. 〈야스퍼스의 현존재(Dasein) 커뮤니케이션에 관한 연구〉, 《커뮤니케이션학
연구》, 제20권 3호, 2012년 가을, 5~25.

김진웅, 2020. 《메타커뮤니케이션》, 커뮤니케이션북스.

박유봉, 1977. 〈커뮤니케이션에 관한 철학적 소고: 야스퍼스와 하이덱가를 중심으로〉, 《언
론정보연구》, 제14집, 51~66.

야스퍼스, 신옥희 · 홍경자 · 박은미(역), 2019. 철학Ⅱ, 아카넷.

월래프, 정영도(역), 1997. 《야스퍼스의 철학사상》, 서문당.

이인건, 1997. 《커뮤니케이션과 자아실현》, 부산외국어대학교출판부.

이종우, 1976. 《야스퍼스론》, 고려대학교출판부.

정영도, 1998. 《야스퍼스 철학의 근본문제》, 이문출판사.

클레망 · 엘리자베스 외, 이정우(역), 1996. 《철학사전》, 동녘.

Bollnow, O. F., 1960. *Existenzphilosophie*. 최동희(역), 1996. 《실존철학이란 무엇인가》, 서
울: 서문당.

Jaspers, K., 1947. *Von der Wahrheit, Munechen*, Piper.

Jaspers, K., 1948. *Philosophie*, Berlin/Goettingen/Heidelberg, Springer.

Jaspers, K., 1973. *Existenzerhellung. Philosophie Band Ⅱ*, Berlin.

Jaspers, K., 1974. *Existenzphilosophie. Drei Vorlesungen*, Berlin.

Jaspers, K., 1984. *Vernunft und Existenz*. 황문수(역), 1999. 《이성과 실존》, 서울: 서문당.

Jaspers, K., 1985. *Einfuehrung in die Philosophie*, Munechen.

Ritter, J., 1974. *Historisches Woerterbuch der Philosophie 4*, Schwabe & Co. AG, Basel/
Stuttgart.

Salamun, K., 1968. Der Begriff der Daseinskommunikation bei K. Jaspers, *Zeitschrift fuer
philosophische Forschung*, 22(2), 261~285.

Salamun, K., 1985. *Karl Jaspers. Grosse Denker*, Munechen, Beck.

Saner, H., 1970. *Karl Jaspers*, Reinbek. 신상희(역), 1998. 《칼 야스퍼스》, 서울: 한길사.

부버의 대화철학

1. 왜 부버의 대화철학인가

'태초에 관계가 있다(Im Anfang ist die Beziehung).' 마틴 부버의 말이다. 이 문구가 크게 와닿는 이유는 무엇일까. 미디어 홍수 시대, 매개적 커뮤니케이션의 끝없는 진화에 따라 소통 또는 커뮤니케이션의 파라다이스 시대가 개막되었지만, 오히려 인간 사이의 소통에 대한 갈증이 커지는 이유는 무엇일까? 더구나 점점 심각해지는 인간소외, 비인간화, 자기 상실 등은 소통이 부재하는 병리적 현상처럼 보인다. 미디어 커뮤니케이션의 홍수와 인간커뮤니케이션의 빈곤은 현대사회의 자화상이다. 커뮤니케이션을 매개하는 도구 또는 수단은 넘치는데, 정작 인간 사이의 소통은 점점 단절되는 아이러니한 현상을 어떻게 받아들여야 할까? 언론인, 광고홍보 전문가, 언론학자 등 수많은 소통전문가가 넘치는데도 인간사회의 소통문제는 점점 더 심각해지는 이유는 무엇일까?

이것은 소통, 커뮤니케이션을 연구하는 필자가 오랫동안 고민해 온 문제이기도 하다. 늘 도구적 미디어에 매달리고, 또 누군가를 설득하는 데 매진하는 전략적 소통 방편에 관심을 기울이는 것이 이른바 커뮤니케이션학의 과제였다. 그러다 보니 본연의 인간커뮤니케이션 자체에 대한 관심은 소외되어 왔다. 따라서 눈을 크게 뜨고 소통현상을 깊이 성찰하는 철학적 사유들은 그 어느 때보다 중요한 의미를 지닌다고 생각한다.

철학에서의 소통 또는 커뮤니케이션에 관한 사유들은 이른바 '대화철학'으로 알려져 있다. 대화철학은 주로 독일어권에서 제기된 철학사조로 독일어 디알로그필로소피(Dialogphilosophie)를 번역한 것으로, '대화의 철학(Philosophie des Dialogs)', 또는 '대화적 사고(Dialogisches Denken)'로도 불린다(최성식, 2007). 대화철학은 대화방법 또는 대화의 기술에 대한 사유보다는 소통과 공존을 위한 인격적인 인간관계에 관한 일련의 사유체계라고 할 수 있다. 대화철학의 대두는 주로 근대 서구문명이 초래한 위기를 극복하려는 시도의 일환으로, 근대 기술문명의 등장과 함께 발전한 매스커뮤니케이션학과는 근본적으로 다르다. 따라서 대화철학의 문제의식은 점증하는 근대 문명사회에서의 인간 위기의 원인과 해결방안에 대한 성찰과 모색으로 집약된다.

흔히 근대 이후 초래된 인간의 위기는 이성 중심 사회의 두 축인 개인주의 및 집단주의에 기인하는 것으로 인식되고 있다. 특히 데카르트에서 출발하는 자아, 또는 주체를 중심으로 하는 개인주의적 근대철학은 위기의 주요 원인으로 지목되곤 한다. 이런 시각은 '나'라는 주체와 마주하는 대상을 주체가 아닌 객체로 받아들여 주체-객체라는 이원론이 지배하는 사유방식을 낳았다. 대화철학은 이러한 순수의식적 자아철학(Ich-Philosophie)을 극복하려는 관점에서 출발하고 있다.

마틴 부버(Martin Buber, 1878~1965)는 대화철학의 대표적 철학자로 널리 알려져 있다(박홍규, 2012; 전종윤, 2010; 최성식, 2011). 부버는 신학자, 하시디즘(Hasidism: 유대인 생활공동체) 사상가, 유토피아 사회주의자 등으로 불린다. 따라서 그의 대화철학에는 이러한 측면들이 함께 녹아 있다고 할 수 있다. 부버는 이전의 대화 사상가들이 자신의 철학적 사유과정 속에서 단편적으로 대화철학을 제시하고 있는 데 비해서, 하나의 체계화된 대화철학을 보여주고 있다. 특히 부버의 저작《나와 너》는 그의 대화철학의 전모를 대변해 준다. 그 외 부버의 다른 저작물, 이를테면《인간의 문제》(2007),《하시디즘과 현대인》(1994),《교육강연집》(2014) 등은 상대적으로 대화철학과는 직접적인 관련성이 적다. 따라서 부버의 대화철학에 관한 기존 연구 성과들은《나와 너》에 드러나는 사상의 분석을 중심으로 이루어져 왔다(윤석빈, 2005, 2006: 최성식, 2007: 신웅철, 2011 등 참조). 이러한 부버의 소통사상은 인식론적 관점에서 커뮤니케이션학 연구에 시사하는 바가 크다고 생각한다.

먼저 부버는 자신의 소통사상을 전개하는 데 있어서 인간존재가 형성하는 소통관계를 크게 두 가지, 즉 '나-그것'과 '나-너'로 대별한다. 여기서 '나-그것' 관계는 주체와 객체 관계, 사물적 관계, 일방적 관계 등으로 개체 또는 실체를 중심으로 이루어지는 소통 모델이다. 그리고 '나-너'는 주체와 주체의 관계, 인격적 관계, 전일적(全一的) 관계 등으로 관계성이 중심을 이루는 소통이다. 전자의 관점은 실체 또는 존재 중심의 소통관계이고, 후자의 관점은 관계 중심의 소통관계라고 규정할 수 있다. 또는 '존재적/실체적 소통'과 '관계적/전일적 소통'으로 구분할 수 있다. 이 중 부버는 철학적 시각에서 전자의 관점을 비판하고, 후자의 관점을 강조하는 소통관을 제시하고 있다. 이는 소통관계를 이항 대립적 관점에서 바라보는 패러다임을 전환시킬 수 있는 방편이다.

이러한 부버의 소통철학은 아직 커뮤니케이션학 연구에서 제대로 조명되지 못하였다. 최근까지 부버의 대화철학 또는 소통사상에 관한 연구는 미미하게나마 철학 분야에서 이루어져 왔다. 대표적으로 최성식(2007)은 철학적 인간학 관점에서 부버의 대화철학을 조명하였다. 그는 부버 사상의 핵심을 인격체로 보고, 개성 개방성 및 관계성의 특성을 기반으로 하는 인격체와 인격체의 '사이' 또는 '간격'의 중요성에 대해 평가하였다. 윤석빈(2005: 2006)은 인간을 함께하는 존재로서 상호 간 대화가 긴요하다는 실존적, 존재론적 관점에서 부버의 대화 사상을 분석하였다. 이는 '인간이란 무엇인가'라는 철학적 물음에 대한 부버의 해석/해명 관점을 재평가하는 것이다. 그 외에도 부버의 대화 철학을 다른 사상가와 비교하거나(전종윤, 2010), 부버 사상의 해석학적 평가에 관한 논의를 중심으로 분석한 연구(신응철, 2011)가 있다.

오늘날 커뮤니케이션학 연구가 주로 요소/실체를 중심으로 한 '존재론적 관점'에 치우쳐 있는 현실을 고려할 때, 부버의 '관계론적 소통철학'에 대한 고찰은 중요한 의미가 있다고 생각한다. 따라서 이 글에서는《나와 너》를 중심으로 전개되는 부버의 소통사상을 살펴보려고 한다. 구체적으로 부버는 존재적/실체적 소통현상을 어떻게 인식하고 있는지, 나아가 그 대안으로 제시하는 관계론적 소통사상의 핵심은 무엇인지에 관해 서술하려고 한다.《나와 너》의 내용은 매우 난해한 것으로 정평이 나 있다. 그 이유는 부버가 20여 년간 신비주의, 실존주의 등의 긴 사상 편력을 거친 이후, 예언자다운 형안으로 심오한 사유들을 집대성한 산물이기 때문이다(표재명, 1995). 따라서《나와 너》는 연구자의 관심에 따라 다의적 평가 및 해석이 전개될 수 있다. 그동안 철학적, 종교적, 교육학적 관점 등에서 다각적으로 주목을 받아 왔으나 정작 커뮤니케이션학 분야에서는 이에 대한 관심이 적었다.

이 글의 구성에서는 우선 서구사회에서의 대화철학의 역사에 대해 살펴보고, 부버가 어떤 인식론을 기초로 관계론적 사유를 정립했는지 살펴보기로 한다. 그리고 현대사회를 지배하는 '나-그것' 관계를 구심으로 하는 실체론적 소통현상에 대한 부버의 사유들을 분석 검토하고자 한다. 나아가 이러한 논의들을 기반으로 '나-너' 관계를 축으로 전개되는 관계론적 소통논리를 평가 제시하려고 한다.

보통 '커뮤니케이션', '소통', '대화', '관계'라는 용어들은 서로 유사한 의미를 지니는 것으로 사용되고 있다. 따라서 이 글에서도 '커뮤니케이션'과 '소통' 등을 같은 의미를 지니는 것으로 간주한다. 그리고 '관계'라는 개념이 본래 두 항의 분리를 전제로 한다는(강영안, 2015: 33) 점을 고려할 때, 관계는 서로 다른 두 존재 사이에서 이루어지는 소통과 밀접한 연관성을 갖고 있다.

2. 부버 대화철학의 인식론

1) 대화철학의 등장

대화철학은 인격적 존재로서 인간을 주제로 다루는 일련의 철학적 흐름을 뜻한다. 서구에서 형성된 대화철학은 주체 중심에서 벗어나 나와 타자, 주체와 주체가 서로 어우러지는 다원적이고 관계론적 사유 관점이다. 이러한 대화철학은 기존의 '자아철학'을 넘어서는 것으로 부버의 소통철학의 근간이 된다. 따라서 그 역사가 그리 오래되지는 않았는데, 이에 관해서 역사적 맥락에서 좀 더 살펴보자. 먼저 희랍 시대에는 우주라는 전체 차원에서 자아를 우주적 자아로 이해하였다. 당시 인간에 관한 문제는 별도로 관심의 대상이 되지 않았고, 타자의 존재에 대한 인식도 아직 싹트지 않았다. 당시 소피스트를 중심으로 한 대화술의 유행은 인격적 관계가 아닌 출세, 전략 차원의 이해관계를 위한 수단이었을 뿐이었다. 주체적 자아 대신 '우리'라는 공동체 자아에만 관심을 기울이던 시기라고 할 수 있다. 그리고 아리스토텔레스(Aristoteles)의 우정론 등 인간학적 관심은 인간의 본질이나 인간성에 대한 것이지, 타자를 위한 존재로서 인간에 대한 관심이 아니었다.

이후 개체적 자아 개념이 싹트기 시작한 것은 중세 이후부터 근대에 들어서이다. '이웃' 또는 '이웃 사랑'이라는 타자 개념이 신약성서와 아우구스티누스(Augustinus, 354~430) 사상에서 등장하였는데, 이는 하느님 존재를 전제로 하는 신학적 인격 개념이라고 할 수 있다. 또 보에티우스(Boëthius)는 이성적 본성을 지닌 인간, 천사, 신을 인격적 개체로 규정하였는가 하면, 토마스 아퀴나스(Thomas Aquinas)는 '정신적 본질 안에서 스스로 존재하는 존재'를 개체적 실체라고 하였다(최성식, 2011: 24~25). 이러한 중세 시대의 개체 개념은 신학적 성격을 내포하고 있다는 한계성을 지니고 있다.

근대 이후는 개체적 자아 또는 자아철학이 본격적으로 성장하기 시작하였다. 널리 알려져 있듯이 데카르트의 "나는 생각한다, 고로 존재한다(Cogito ergo sum)"라는 명제는 '나의 발견'이자 '개체로서의 나'의 발견을 대변한다. '생각하는 나'가 하나의 확고한 실체로서 자리 잡으면서 개체적 자아의 탄생이 이루어진 것이다. 이후 스피노자, 칸트, 헤겔 등을 중심으로 한 독일관념론과 합리론이 전성기를 맞이하였다. 이를 배경으로 근대 이후의 개체 개념은 "더 이상 나눌 수 없고 홀로 자족 자존 자립하는 실체"(최성식, 2011: 24)로 자리 잡았다. 하지만 여기에서는 '나'라는 개체에 머물러 있을 뿐, '너'라는 존재는 아직 성장하지 않은 상태였다.

이후 요한 게오르그 하만(Johann Georg Hamann, 1730~1788), 프리드리히 야코비(Friedrich Heinrich Jacobi, 1743~1819), 빌헬름 폰 훔볼트(Wilhelm von Humboldt) 등은 자아 중심 철학을 넘어서 '너의 철학(Du-Philosophie)'에 대한 관심을 기울이게 된다. 대화적 사고로 진입하는 계기를 마련한 것이다. '나'를 넘어선 '너'의 발견은 인격적 존재로서 개체의 발견이자 '대화적 사고'의 탄생을 의미한다. 특히 대화적 사고의 발전에는 루드비히 포이어바흐(Ludwig Feuerbach), 쇠렌 키르케고르(Soeren Kierkegaard), 마틴 하이데거(Martin

Heidegger) 등의 사유가 지대한 영향을 끼쳤다. 이들은 타자 또는 '너'의 발견을 통해서 인간을 관계적 존재 및 실존으로 인식하도록 하는 사상을 발전시켰기 때문이다(Wehr, 1992: 85; 최성식, 2007: 73).

먼저 키르케고르는 현실적 인간 자신과 신과의 관계를 실존주의 관점에서 규명하려 했다는 점에서 높이 평가된다. 하지만 그의 사유세계는 신학적 관점과 개인주의 관점에서 인간을 조명하는 데 그치고 있다는 한계를 갖는다. 그의 나와 너의 관계는 인간과 인간의 관계 대신 인간과 신의 관계를 뜻하는 것이다. 이러한 신과의 관계를 위해 다른 인간과의 관계는 단절된다. 즉 키르케고르는 인간은 단독자(Einzelner)가 되어야 한다고 주장한다(Wehr, 1992: 85).

이에 비해 하이데거는 자기 자신과 관계를 맺는 '현존재(Dasein)'를 밝히는 데 기여하였다. 그러나 그는 타자와 함께하는 '열린 존재'로서의 인간에 대한 관심은 도외시하였다. 즉 하이데거는 더불어 존재로서 인간 존재의 '대화적 사유'보다, 개체적 존재로서 인간에 관한 '독백적 사유'에 그치고 있다. 따라서 키르케고르와 하이데거는 구체적 현실 속에서 타자와 관계하는 인간 본질에 대한 해명에는 미치지 못하고 있다고 평가할 수 있다.

한편 '너'라는 존재의 발견과 관련한 또 다른 중요한 사상가로는 포이어바흐를 꼽을 수 있다. 그는 인간을 나와 너의 결합으로 존재하는 것으로 인식하여 개체보다는 사회적 차원에서 인간을 해명하고자 하였다. "인간 개개인 그 자체는 도덕적, 사유적 존재로서의 인간 본성을 지니고 있지 못하다. 인간의 본성은 공동체, 즉 사람과 사람의 결합에서 발현된다. 이는 나와 너의 차이 또는 다름의 실재성에 기초하는 것이다"(Feuerbach, 1980). 이러한 사유는 부버의 대화철학과 일맥상통한다. 하지만 포이어바흐는 인간을 주로 집단주의적 차원에서 조명하는 데 치중하고 있다. 따라서 부버가 제시하는 인격적 소통관계의 정립에는 크게 기여하지 못하였다고 할 수 있다.

정리하면, 우선 키르케고르는 인간과 신과의 관계를 위해 인간과 인간의 공동체성을 간과하였고, 하이데거 역시 닫힌 존재로서 현존재에 치중하여 타자와 함께하는 공동체성은 배제하고 있다. 또한 포이어바흐, 칼 마르크스(Karl Marx) 등 무신론자들은 인간사회를 집단주의적 관점에서 조명함으로 인해 인격적 존재로서 인간을 간과하고 있다. 그럼에도 불구하고 키르케고르, 하이데거, 포이어바흐 사상은 대화철학, 특히 부버의 대화철학을 낳는 데 중요한 위치를 점하고 있다.

2) 부버 대화철학의 인식 토대

부버는 이상에서 살펴본 키르케고르의 유신론적 관점, 하이데거의 닫힌 현존재적 관점, 그리고 포이어바흐의 무신론적 관점을 수렴, 극복하면서 자신의 소통사상을 전개하고 있다. 구체적으로 부버는 '나-너' 관계의 정립을 통해 인간의 자기소외 및 상실, 파편화된 세계 등의 문제를 해결할 수 있음을 제시한다. 문제의 핵심을 기술문명 등 외부 환경 자체보다는 인간 자체에서 기인하는 것으로 인식하기 때문이다. 특히 현대사회의 문제점은 인간과 인간 사이의 소통관계가 파괴된 데서 기인하는 것으로 파악한다.

이에 기초하여 부버는 자신의 고유한 소통사상을 정립하였는데, 그가 어떤 소통인식론을 기반으로 하고 있는가에 관해서 설명이 좀 더 필요하다. 따라서 부버가 갖고 있는 관계론적 소통사상을 형성하는 데 기반이 되는 기본 인식들을 살펴보면 다음과 같다.

첫째, 부버가 갖고 있는 '관계성'의 뿌리는 '원관계(Urbeziehung)'가 존재한다는 인식에서 출발한다. 즉 부버는 앞서 언급했듯이 "태초에 관계가 있다"(Buber, 1995: 31)고 선언한다. 인간을 포함한 만물 사이에는 처음부터 전일적인 근원적 관계가 존재한다고 보는 것이다. 원관계는 시원적이자 원초적 신체성을 뜻한다고 할 수 있다. 예컨대 나와 너의 존재가 함께하는 관계가 처음부터 주어져 있는 것이다. 모든 인간은 홀로 존재하는 것이 아니라, 반드시 타자와 함께 공존하는 관계적 존재임을 제시한다. "'나', 그 자체는 없으며, 오직 근원어 '나-너'의 '나'와 근원어 '나-그것'의 '나'가 있을 뿐이다"(Buber, 1995: 8)라고 부버는 말한다. 요컨대 인간은 각각 독립된 실체적 존재가 아니라, 근원적으로 관계론적 존재라는 관점에서 그의 사유는 전개되고 있다.

둘째, 부버의 관계론적 인식 관점은 '근원어(根源語, Grundworte)'에 대한 사유에서 출발하고 있다. 근원어는 인간 소통관계의 근원적 존재양식이라는 의미로 이해할 수 있는데, 이는 늘 하나의 단어(Einzelworte)가 아니라, 짝말(Wortpaare)로 이루어져 있다고 본다. 즉 근원어는 두 개가 존재하는데 이 중 하나는 '나-너'이고, 또 다른 하나는 '나-그것'이라고 부른다. 이처럼 근원어는 복수로 구성되어 관계성을 내포하고 있는 짝말이다.

따라서 부버는 '나'라는 단수를 근원어로 인식하지 않는다. 왜냐하면 그는 하나의 독립된 존재 자체(An-sich-Sein)의 해명에는 관심을 기울이지 않기 때문이다. 그는 '나' 자체에는 관심이 없고, 대신 '더불어 존재(Mitsein)', 즉 마주 대면하는 관계에 관해 생각하고 관심을 기울인다(Wehr, 1992: 82). '나'라는 개체는 홀로 존재하는 것이 아니라, '나-너' 관계의 '나', 그리고 '나-그것' 관계의 '나'로 존재할 뿐이다(Schrey, 1970: 62). 결국 짝으로 구성된 근원어는 인간이 관계적 존재임을 보여주는 것이다. 또 어떤 근원어 관계로 짝이 이루어지는가에 따라 자아존재의 성격도 달라진다(Buber, 1995: 8).

셋째, 인간 관계방식의 이중성(Zwiefalt)에 대한 사유도 부버의 소통논리의 중요한 기반을 이룬다. 부버에 따르면 인간은 이중성을 기반으로 한 관계론적 존재이다. 이중적 성격은 '나'라는 단위에서부터 세계 차원까지 연쇄적 고리로 연계되어 있다. 구체적으로 말해서 세계의 이중성은 사람의 이중적 태도에 따른 것이고, 사람의 태도의 이중성은 근원어의 이중성에서 비롯된 것이며, 근원어의 이중성은 '나'의 이중성의 표상이다. 부버는 이처럼 인간존재를 단면적이 아닌 양면성을 지닌 존재로 인식하고, '나-너' 그리고 '나-그것'이라는 이중성의 프레임을 통해 인간학적 존재의 본질을 밝히고자 시도하였다. 즉 그는 그동안 무관심 속에 가려져 있던 근원적 실재, 즉 '나-너', '나-그것'으로서 존재에 대한 이중적 관계를 규명하였다고 평가된다(Schrey, 1970: 56).

이러한 이중성은 곧 본래적인 '나'의 이중성을 포함한다. 애초부터 두 유형의 사람이 존재하는 것이 아니라, 개인의 내면에는 두 측면의 인간성이 있다는 것이다. 즉 "어떠한 사람도 순수한 인격체가 아니며, 어떠한 사람도 순수한 개체적 존재가 아니다. 완전히 현실적인 사람도 없으며, 완전히 비현실적인 사람도 없다. 모든 사람은 이중적인 '나' 속에서 살고 있다"(Buber, 1995: 97). 이 중에서 인격적 성향이 강한 경우에는 인격체라고 부르고, 개체적 성향이 강할 때에는 개체적 존재라고 부른다. 어떠한 경우이든 인간은 늘 타인이나 다른 사물과 관계를 갖고 살아가는 존재로서 자신을 드러낸다. 이런 차원에서 인간은 '세계 내 존재자(In-der-Welt-Seiendes)'로 불린다. 인간은 홀로 있는 단독자로서의 존재가 아니라, 이중성을 기반으로 언제나 타자와 함께하는 공존자로 인식된다.

이상을 정리하면, 부버의 소통사상은 관계의 근원성, 근원어의 이원성, 관계방식의 이중성 등 세 가지에 기반을 두고 있다. 즉 부버는 인간 및 만물은 전일적이고 근원적 관계인 '원관계'하에서 존재하고, 이러한 토대 위에서 인간의 근원적 존재양식인 근원어도 짝말로 이원성으로 구성되어 있다. 나아가 원관계와 근원어를 기반으로 인간의 소통관계도 이중성을 갖고 있다고 인식하고 있다.

3. 존재론적 소통논리 비판

1) '나-그것' 소통관계의 성격

앞서 제시한 커뮤니케이션에 관한 인식론을 기반으로 먼저 살펴볼 것은 현실사회의 지배적 소통양식에 대한 부버의 진단 및 평가이다. 이에 대해서는 송신자와 수신자 구도로 이루어지는 현실세계에서의 소통현상을 대표적인 사례로 꼽을 수 있다. 이러한 '요소' 또는 '개체'를 중심으로 이루어지는 '존재론적 소통'은 부버가 제시하고 있는 두 유형의 인간관계 중 하나인 '나-그것' 관계에 함축되어 있다. 따라서 '나-그것' 관계의 본질과 한계성에 대해서 검토하는 것이 요구되는데, 이에 대한 부버의 인식은 다음과 같이 정리할 수 있다.

첫째, '나-그것' 관계는 결코 온 존재를 투여하며 행하는 소통행위의 관계가 아니다. 부버는 "'나-그것' 근원어는 결코 전 존재와 함께 말할 수 없다"(Buber, 1995: 8)고 말한다. 소통에 참여하는 '나'와 '그것'은 부분적이고 현상적이며 피상적으로 소통하는 것이지, 자신의 전부를 투여하면서 관계 맺음을 하는 진정한 소통이 아니다. 따라서 '나-그것'은 각자 자신을 중심으로 하는 전략적 관계일 뿐이며, 자신의 이해관계를 관철시키기 위해 '그것'과 마주하는 대상적 소통관계에 불과하다고 할 수 있다.

둘째, '나-그것'은 이용과 경험을 목적으로 하는 소통관계이다(Buber, 1995: 12, 65). 이용하고 경험하는 행위는 무엇보다도 상대를 객체화하는 것을 함축한다. 부버는 "경험이란 너와의 멀어짐(Du-Ferne)"(Buber, 1995: 18)이라고 규정한다. 따라서 경험과 이용하는 능력은 관계능력(Beziehungskraft), 즉 소통능력의 상실에서 비롯된다(Buber, 1995: 59). 상대를 이용하고 경험하는 것은 지배하는 것을 의미하는 데 반해, 상대방과 관계한다는 것은 소통하는 능력을 뜻한다. 이러한 경험 관계는 '나-너' 관계를 희생시키는 것을 통해서 가능해진다. 상대방이 '그것'으로 대상물처럼 인식되는 곳에서는 진정한 소통관계가 불가능하다. 나는 '그것'과 소통하는 것이 아니라, 단지 '그것'에 대해서 또는 '그것'에 관해서 말하는 것이다. 즉 '나-그것'은 내가 '그것'에 관한 지식을 생산해 내는 것, 달리 말해서 경험하는 것일 뿐이다(Wehr, 1992: 83).

셋째, '나-그것'은 인과적 소통관계가 지배한다(Buber, 1995: 76~77). 즉 자연과학적 질서에서와 같이 '나-그것' 관계는 원인과 결과의 법칙이 무제한적으로 지배하는 세계로 이해된다. 이러한 소통관계는 인간세계의 관계에서 통용되는 논리로는 한계를 지닌다. 왜냐하면 사람이란 '그것'의 세계에만 속박되어 있지 않고, 거기에서 벗어나서 '나-너' 관계의 자유로운 세계를 구축할 수 있는 존재이기 때문이다. 따라서 '나-그것'은 인간존재 또는 인간세계를 지배하는 원리로는 적합하지 못하다.

넷째, '나-그것' 관계는 분리되고 소외적 성격의 소통관계이다(Buber, 1995: 87). 우선 '나-그것' 관계는 '나'라는 자아 인식이 확대됨에 따라 상대방으로부터 분리되고, 나를 구심으로 이루어지는 소통이라고 할 수 있다. 따라서 '나-그것'은 너를 망각한, 너를 잃어버린 소통이기도 하다. 여기서 '나'는 '주체로서 너'를 상대하는 관계가 아니라, 단지 '사물로서 그것'과 마주하는 관계를 형성하는 것일 뿐이다(Buber, 1995: 101). 따라서 '나-그것'의 세계는 '너'를 잃어버린 소통관계이자, 상호 분리되고 소외된 소통관계일 뿐이다.

다섯째, '나-그것'은 고립, 단절, 중지, 결여를 유발하는 대상적 소통이다. '나-그것'은 함께하는 것이 아니라, 소통 주체가 서로 '그것'이라는 무엇을 대상으로 하는 소통현상이다. 여기서 대상화는 반소통성 또는 불통을 야기시킨다. "대상화한다는 것은 지탱이 아니라 정지며 중지고, 단절이요 경화요 고립이며, 관계의 결여이고 현재의 결여인 것이다"(Buber, 1995: 23). 이처럼 부버는

소통의 철학

'나-그것'을 인간 사이의 진정한 소통관계와는 거리가 먼 현상으로 인식한다.

2) '나-그것' 소통관계의 한계성

이상과 같은 '나-그것'의 소통관계를 규정짓는 구체적인 요인은 무엇인가? 다양한 관점이 가능하지만, 무엇보다 '나-그것'을 구성하는 요소인 '나', 그리고 '그것'의 존재적 특성에 대한 분석이 무엇보다 중요하다고 판단된다.

먼저 '나-그것' 관계 속에서 '나'는 '개체로서의 자아'를 의미한다. 개체는 자신의 고유 영역에 홀로 갇혀 있는 존재이자, 주체-객체 관계에서 주체의 위상을 갖는 독백적 존재이다. 따라서 개체는 인간 본연의 자아존재를 실현하지 못하는 사람, 즉 '주변인(Nebenmensch)'에 불과하다. 더불어 함께하는 사람인 '인격체(Mitmensch)'와는 정반대의 의미를 내포하고 있다. 다만 '개체로서의 나'는 비록 원간격에 갇혀 있기는 하지만, 자신의 고유한 영역을 확보하고 있는 독립적 존재라는 점은 인정된다(최성식, 2007: 80~82). 일반적으로 개체 또는 개체화(Individuation)는 소통의 조건이자 한계이기도 하다. 즉 개체화는 나와 다른 타자를 상호 독립된 존재로 인식할 수 있도록 하기 때문에 참된 소통관계를 위한 전제조건이지만, 다른 한편 개체화는 타자를 완전히 인식하도록 하는 것을 불가능하게 만들기 때문에 소통관계에 한계성을 부여하기도 한다(Buber, 1995: 145).

이러한 개체적 존재로서 '나'는 분리와 소유의 속성을 갖고 있다. 즉 '나-그것' 관계에서 '나'는 타자에게서 자기를 분리시키며, 타자로부터 가능한 한 많은 것을 자기의 소유로 삼으려고 한다. 개체적 존재로서 주체가 이용과 경험을 통해 많은 것을 소유하더라도 실체가 되는 것은 아니다. 개체적 실체일 뿐 인격적 실체는 아닌 것이다. 이러한 점에서 그는 일정한 한계를 지니고 있다

(Buber, 1995: 96).

한편 '나-그것' 관계에서 '그것'의 특성은 사물이자 객체이다. 사물로서 '그것'은 스스로 고유한 영역을 갖지 못하는 수동적이고 객체적인 대상으로, 주체인 '나'와의 연결 안에서만 의미를 갖는다. 또 객체로서 '그것'은 주체인 '나'와 소통하는 파트너로서 또 다른 주체라기보다는, 오로지 주체의 필요에 따라 대상이 되는 사물로 인식된다. 따라서 '그것'은 주체인 '나'와 마주 서 있는 존재라기보다는 단지 그의 소유 대상일 뿐이다. 또는 주체가 추구하는 특정한 목적을 달성하기 위한 수단이나 도구로 작용할 뿐이다.

정리하면 '그것'은 독립된 개체로서 스스로 고유한 영역을 형성하지도 못하고, 능동적인 개체로 존재하지도 못한다. '그것'은 오직 주체인 '나'가 일방적으로 관계를 형성하는 가운데 자신의 존재 의미를 갖게 된다. '나'와 '그것'은 직접적 관계 대신 간접적 관계이자, 상호적 관계 대신 일방적 관계를 맺음을 뜻한다. 그러므로 '나-그것' 관계는 "진정한 의미의 대화는 불가능하고, 오직 독백만이 가능한 곳이다"(최성식, 2007: 82).

이상에서 살펴본 바와 같이 '나-그것' 관계는 인간의 진정한 소통관계로서는 한계를 지니고 있다. 그럼에도 불구하고 이는 현대사회의 지배적인 소통방식이라는 점에서 심각한 문제를 제기한다. 우선 '나-그것' 관계는 주체-객체라는 일방적 소통원칙이 지배하는 세계이다. '나'와 '그것'은 주체-객체 소통관계를 형성하기에, 주체로서 '나'와 객체로서 '그것'은 언제나 주체의 필요나 목적 등에 의해 일방적으로 소통이 이루어진다(최성식, 2007: 82). '그것'은 객체로서 주체에 의해 지배를 받는 대상이 되는 모든 사물을 지칭하는 것이기에 진정한 의미의 소통을 이루지 못한다. 나아가 '나-그것'은 개체로서의 주체적 '나', 그리고 사물로서의 객체적 '그것'이 서로 마주하는 지배 종속적 소통관계이다. '그것'은 언제나 '나'의 의사나 필요성 등에 의해 자신의 존재 가치나 필요성 여부가 부여된다. 또 '나'에게 '그것'은 마주하는 존재라기보다는 소유의 대상으로 인식될 뿐이다.

따라서 '나'와 '그것' 사이에는 언제나 목적이나 이해관계가 개입된 소통이 이루어진다. 즉 '그것'은 '나'라는 주체의 특정 목적을 달성하기 위한 수단이나 도구로 이용되는 차원에서 소통관계가 형성된다. 이는 '나'에 의한 일방적인 소통관계에 다름 아니다. '나-그것'은 특정한 목적을 추구하기 위해서 맺는 합목적적 소통관계로, 소기의 목적이 사라지면 소통 자체도 사라진다(최성식, 2007: 81). 현대사회를 지배하는 다양한 제도, 즉 국가 또는 정치 경제체계는 '나-그것' 관계가 이루어지는 대표적인 사례로 꼽힌다. "제도는 외부적인 것이며 여기서 사람은 다양한 목적을 추구한다. 이를테면 노동하고 거래하고 영향을 미치고 기획하고 경쟁하고 조직하고 살림하고 공무에 종사하고 설교한다. 이것은 상당히 질서가 잡히고 또한 조화가 잘 이루어진 기구이다"(Buber, 1995: 65~66). 그리고 근대 자본주의 노동양식이나 소유형태 자체는 '나-너' 관계가 파괴된 제도로 '나-그것' 관계가 지배한다(Buber, 1995: 71~72). 권력을 행사하는 정치인이나 경제인은 자신과 관계하는 사람들을 '너'로 대하는 것이 아니라, 오로지 경험 또는 이용의 대상으로 간주하기 때문이다.

사람이 이처럼 개체적 존재에 의해 지배되면 될수록 '나'라는 존재는 인격체를 상실하여 무가치한 생존을 영위할 뿐이다. '나-그것'이 지배하는 세계에서는 실존적 자아를 잃어버리고, '너'를 마주하는 실재로부터 우리를 분리시키고 소외시켜 존재론적 소외현상을 낳기 때문이다. '나-그것' 관계의 세계가 없다면 사람이 살아갈 수 없으나, '그것'만 가지고 사는 자는 더 이상 사람이 아니다(Buber, 1995: 56). 인간은 '그것' 세계에서만 삶을 영위하는 것이 아니라, 자유로운 상호관계로 마주하는 '너'의 세계도 필수적으로 요구하는 존재이기 때문이다. 따라서 인간은 '나-그것' 관계를 넘어, '나-너'의 진정한 소통관계를 지향하게 된다.

4. '나-너'의 관계론적 소통

앞 장에서는 '나-그것' 관계를 기반으로 전개되는 '존재론적 소통'에 대해서 살펴보았다. 이러한 소통논리는 부버가 제시하는 두 가지 인간관계 중 하나를 구성하지만, 궁극적으로 관계론적 소통을 드러내기 위한 과정이라고 할 수 있다. 따라서 이 장에서는 부버 소통사상의 핵심인 '관계론적 소통'은 어떠한 특성을 갖고 있는지, 또한 이러한 소통을 가능케 하는 요인은 무엇인지를 분석하고, 나아가 '나-너' 소통관계에서 생성되는 '사이존재'에 대해서 설명하려고 한다.

1) '나-너' 소통관계의 특성

앞서 살펴본 '나-그것'과는 달리, '나-너'의 성격은 우선 인격적 소통관계라고 평가할 수 있다. 부버는 '나-너'의 관계에서 '나'라는 존재가 강하면 강할수록 더욱더 인격적이라고 인식한다(Buber, 1995: 97). 달리 표현해서 나의 온 존재를 함께 투여하면서 이루어지는 '나-너'는 인격적 소통관계를 형성한다. '나-너'에서 '나'와 '너'는 주체와 주체의 입장에서 서로를 인격적 파트너로 인정한다. '나-그것'에서 '그것'이 단지 하나의 대상으로서 가치를 함축하고 있는 것과는 사뭇 다르다. '나'는 '그것'과 마주할 때 인격체가 아닌 단지 개체로서 행동한다. 반면에 내가 '너'라고 말하는 것은 상대방을 인격체로 수용하는 것이자 '너'와의 소통관계에 들어섬을 뜻한다. '나' 자신도 인격체로서 '너' 라는 또 다른 인격체를 지향하는 존재인 것이다(Wehr, 1992: 82).

'나-너'의 또 다른 특성은 직접적 소통관계를 형성한다는 점이다. '나-너' 사이에 잠재되어 있는 개념, 지식, 환상 등 모든 매개체들은 장애요소로 작용하기 때문에 이들이 개입되지 않는 곳에서 진정한 소통관계가 이루어진다 (Buber, 1995: 21~22). 이런 관점에서 보면, 현대사회에서 중추적 역할을 수행하는 매스미디어도 직접적 소통을 가로막는 것이자, 진정한 소통을 차단하는 장애물이라고 볼 수 있다. '나-너'라는 직접적 관계는 동등한 두 주체가 서로 마주하는 것이다. "너는 나와 마주 서 있다. 그러나 나는 너와 직접적인 관계 속으로 걸어 들어간다. 이러한 관계는 선택받는 것인 동시에 선택하는 것이 며, 수동인 동시에 능동이다. … 이것이 전적인 존재로서 인간의 행위"(Buber, 1995: 111)이다. 로텐스트라이히(Rotenstreich)도 '나-너'에서 '나'와 '너'가 마주함을 인간실존의 가장 두드러진 특징으로 들면서, 부버의 '나-너' 관계를 '실존적 소통'으로 평가하였다(Rotenstreich, 1963: 93).

'나-너' 관계에서는 또한 진정한 공동체가 형성된다. 이는 '나', '너'가 각각 자신의 고유한 영역을 갖추고 있는 동시에, 이들이 서로 '사이' 또는 '간격'을 형성하면서 인격체로 성장한 결과이다. 이에 반해 '나-그것' 관계에서 '나'는 닫힌 영역에 머물러 있고, '그것'은 자신의 고유한 영역조차 갖추지 못한 상태의 사람 또는 사물에 불과하기 때문에 양자 간에는 진정한 공동체가 형성되지 못한다. 따라서 진정한 공동체를 위한 소통관계는 무엇보다도 '나', '너'가 각각 '자기만의 고유한 존재론적 영역'(최성식, 2007: 85)을 갖추고 이를 활짝 열었을 때 가능해진다.

그 외에도 '나-너' 관계는 순수하고 진실한 소통관계라는 점이 특징적이다. 부버에 따르면, "너라고 말하는 사람은 아무것도 대상으로 삼지 않는다.

… 너라고 말하는 사람은 '그 무엇'을 가지지 않는다. 그러나 그는 관계에 들어서 있다"(Buber, 1995: 10). 요컨대 '나-너'는 서로 특정 목적을 위한 전략적 만남을 하는 것이 아니라, 순수하게 만남 그 자체가 목적인 관계이다. 나와 너는 도구적 관계가 아니라 순수하고 진실한 관계 그 자체를 형성한다. 이를 통해 '나-너'는 포용적 관계, 즉 서로 상대를 그대로 인정, 수용, 배려하는 관계가 이루어진다(최성식, 2007: 84).

정리하면 '나-너' 관계는 인격적이고 직접적이며 순수한 공동체적 소통관계라고 평가할 수 있다. 그러면 이러한 특성들은 어디에서 연유하는 것인가? 이는 서로가 고립되어 존재하는 개체로서의 자아가 아니라, 인격체적 자아로서 마주함으로 가능한 것이다. 따라서 여기서는 소통관계를 구성하는 두 요소, 즉 '나'와 '너'의 속성에 대한 상세한 분석이 요구된다.

2) '너' 중심의 소통성

그동안 커뮤니케이션학 영역에서는 '나'를 중심으로 하는 소통 패러다임이 지배적이었다고 할 수 있다. 즉 소통에서는 반드시 '너'를 필요로 하기는 하지만, '너'라는 존재를 '나' 자신과 대등하게 중요시하였던 것은 아니다. 오히려 '너'는 최근 철학 사상가들에 의해서 비로소 주목을 받게 된 존재라고 할 수 있다. 부버는 '나-너'가 관여의 소통관계를 뜻한다고 표현하기도 하였다. 부버에 따르면 관여(關與: Teilnahme)는 '나-너' 소통의 특성 중 하나로, 두 주체들이 서로 관계하며 인격적인 교류작용을 하는 것을 뜻한다(Buber, 1995: 94). 부버는 여기서 더 나아간다. 즉 '나-너' 관계에서는 '너'가 '나'보다 중요시되는 존재로 인식되는가 하면, 아예 '너'를 '관계의 아프리오리(Apriori)'(Buber, 1995: 45)로 간주한다. 커뮤니케이션학에서 오래전부터 이루어져 온 수용자 연구도

소통의 철학

이런 맥락에서 이해할 수 있는가? 전혀 아니다. 현대 매스커뮤니케이션에서의 수용자상은 부버 사상에서 의미하는 '너'가 아니라 '그것'으로서 관심의 대상일 뿐이다.

따라서 부버 소통사상의 핵심 중의 하나는 '너'라는 존재의 재발견과 '너'를 구심으로 이루어지는 소통관계의 정립에 있다. 부버의 관계론적 소통이 성립되기 위해서는 우선 '너'가 존재해야 한다. '너' 존재의 선험성을 통해 부버는 기존 철학, 즉 나를 주체화하고 타자를 객체화하는 주체-객체 관계를 극복하고자 하였다. 이런 관점에서 부버는 너를 '타고난 너(das eingeborene Du)'라고 부른다(Buber, 1995: 45). 윤석빈은 이에 대해 "부버는 '나'의 자리에 '너'를 옮겨 놓는다"(윤석빈, 2007: 23)고 평가한다.

이러한 '너' 중심적 관계는 궁극적으로 '나'의 존재를 재인식하는 데까지 영향을 미친다. 이를테면 "사람은 너와 접함으로써 나가 된다"(Buber, 1995: 47), "나는 너로 인하여 나가 된다"(Buber, 1995: 21) 등을 예로 들 수 있다. 부버의 '너'의 재발견은 궁극적으로 인간으로 하여금 각자 자기 자신의 의식을 지향하도록 기여했다고 평가받는다(Rotenstreich, 1963: 101).

이와 더불어 중요한 점은 '너'의 속성이다. 부버에 따르면 모든 '너'는 본질적으로 '그것'이 되거나 사물적인 '그것'으로 돌아가거나, 또는 반대로 모든 '그것'은 다시 '너'로 변화될 수 있다. 따라서 '너' 혹은 '그것'은 고정된 실체가 아니라 가변적인 존재이다(Buber, 1995: 30). "'그것'은 영원한 번데기이고, '너'는 영원한 나비이다. 다만 이들은 명확하게 분리되는 상태가 아니라 깊은 이중성 가운데 뒤얽히어 일어나는 하나의 사건인 것이다"(Buber, 1995: 30~31). '너'의 '그것'으로의 전환은 '나'라는 존재와의 역학관계에 따른 것이라는 사실도 중요한 점이다. 이와 관련해 부버는 이렇게 말한다.

"'나'라는 의식이 점점 강하게 나타나게 되면 마침내 '나'와 '너'의 맺어짐이 깨지고, '나'는 자기 자신, 곧 분리된 '나' 앞에 한순간 하나의 '너'를 대하듯이 마주 서게 된다. 그러자 '나'는 곧 자기 자신에 대한 소유권을 얻게 되고, 그 때부터 자기 자신을 의식하면서 관계에 들어서게 되는 것이다. 이때 비로소 또 하나의 근원어, 나-그것이 짝 지어진다"(Buber, 1995: 47~48).

요컨대 '나'라는 자아의식이 지나치게 강해지면, '나-너' 관계는 깨지고 '나-그것' 관계로 변한다. 아울러 '너'의 속성의 변화를 통하여 '그것'으로 변화가 일어나기도 한다. 즉 '너'가 현재성과 지속성을 상실하면 사물인 '그것'으로 전락한다. 반대로 '그것'이 인격체로 변화되면 다시 '너'로 전환될 수 있다. 여기서 현재성은 물리적인 개념으로서의 현재가 아니라, 오히려 실질적으로 충만한 시간으로서 현재 및 미래 지향적인 의미를 함축한 개념으로 인식된다(최성식, 2007: 85). 그리고 강조되어야 할 것은 '나-너'의 직접적 관계는 영원히 지속적으로 유지될 수 없고, 언젠가는 다시 '나-그것' 관계로 변화될 수밖에 없다는 사실이다(Wehr, 1992: 87).

여기서 '너'와 '그것'은 어떠한 점에서 구별되는가? 무엇보다 '너'는 경험할 수 있는 대상적 존재가 아니라는 점이 다르다. 사람은 단지 무엇, 즉 '그것'만을 경험할 수 있기 때문이다(Schrey, 1970: 63). '그것'을 경험한다는 것은 현실적 생활을 영위하는 인간이 행하는 하나의 존재방식이다. 이는 앞서 말했듯이 '나-너' 관계가 항상 온 존재와 함께, 다시 말해서 궁극적으로 실존적 참여 속에서 이루어지는 것인 데 비해, '나-그것'은 결코 전 존재와 함께 이루어지는 것이 아니라는 점과 관련되어 있다. 나-너 관계는 야스퍼스 사상의 '실존적 소통' 그리고 나-그것 관계는 '현존재 소통'과 유사한 속성을 내포하고 있다고 할 수 있다(1장 참조). '그것'은 내가 이용하는 대상물에 불과할 뿐이다.

부버는 시간성과 공간성과의 관련에서 '너'와 '그것'의 차이를 부각시킨다. "그것의 세계는 공간과 시간 내에서 연관성을 가지고 있으나, 너의 세계는 공간과 시간과는 아무런 연관도 없다"(Buber, 1995: 54). '너'라는 존재와의 관계는 시간과 공간을 초월하는 영원 무한적 차원에서 이루어지는 것임을 시사하고 있다. 그리고 '너'는 배타적이고 고유한 속성을 내포하고 있는 존재이기 때문에, '나'의 상대자로서 '너'는 다수가 아니라 유일무이한 존재로 다른 존재자들과 명확하게 구별된다(Schrey, 1970: 63). 하지만 낱낱의 '너'도 '나'와의 관계가 끝나면 '그것'이 될 수밖에 없다. 반대로 낱낱의 '그것'은 진정한 관계 속에 들어섬으로써 다시 '너'가 될 수 있다. '너'와 '그것'은 이렇듯 고정된 실체가 아니라, 상호 변화될 수 있는 가변적인 존재라고 평가할 수 있다.

3) 관계적 존재로서의 나

'너'와 마찬가지로 소통관계의 요소로서 '나' 역시 고정된 실체가 아니라 가변적인 속성을 지니고 있다. 즉 자아는 '개체로서 나'와, '인격체로서 나'로 변신이 가능한 유동적인 존재이다. 부버는 '나-너'에서 '나'의 관계론적 성격을 분명하게 제시한다. 즉 앞서 서술했듯이, '너와 접함으로써 나가 된다', 또는 '너로 인하여 나가 된다'는 부버의 언술은 '나'라는 개념이 어떤 고정된 존재나 본질을 뜻하는 것이 아니라, 관계를 함축하고 있음을 명확히 한다. '나'라는 존재는 그냥 홀로 내가 되는 것이 아니라, '너'가 있음으로써 비로소 '나'가 된다. '너'의 존재가 없으면 '나'도 존재할 수 없는 것이다. 따라서 '나'라는 의식은 '너'라는 파트너와의 관계 속에서만 드러나고 규정된다.

레비나스(Levinas)도 부버의 이러한 '나'의 인식에 주목한다. 그는 부버의 '나' 개념이 어떤 본질을 나타내는 것이 아니라 관계로서 '너'를 향한 '나', 또는 '그것'을 파악하는 '나'만이 실존하는 것으로 간파한다. '나'는 고립된 요소로서 존재하지 않고, '너'와 '그것'과의 관계적 존재로서 있다고 인식한다. 요컨대 부버에게 '나'는 고정된 실체가 아니라 가변적인 관계성을 내포한다. 따라서 '나-너'에서 '나'는 내가 더 이상 '주체'가 아닌 '관계'임을 보여준다. '나-너'에서 자아라는 벽은 사라지고, 관계성은 나의 본질 속에서 형성된다. 이 점을 완전히 긍정하는 '너' 없이는 관계를 생각할 수 없다. '너'라는 존재는 또 다른 존재를 찾는 이정표로서, 그리고 만남의 지평선으로서, 선험적으로 존재하거나 타고난 것이다. 이로써 나는 의도하지 않았음에도 관계에 들어서 있는 것이다. 레비나스는 또한 인간 자체를 아예 주체가 아니라, '만남의 연결고리'로 파악하면서, 나를 실재(Wesen)가 아니라, 범주로서의 존재로 인식하기도 한다(Levinas, 1963: 119~134).

한편 앞서 언급했듯이 부버 사상에서 '나'라는 존재는 보통 '개체로서 나'와 '인격체로서 나'로 구분된다. 이 중 '나-그것'에서 '나'는 개체적 존재(Eigenwesen)로 현상되는 데 비해, '나-너'에서 '나'는 인격체(Person)로 자신을 드러낸다. 개체적 존재는 자신을 다른 존재로부터 분리시키고 상대를 경험하고 이용하는 주체(Subjekt)로 간주되며, 인격체로서 '나'는 자신을 다른 존재와 인격적 관계를 갖는 주체성(Subjektivitaet)의 존재로 인식된다. 소통관계를 결정하는 개체와 인격체는 본질상 이질적 성격을 내포하는 개념이다. 부버는 인격체를 신의 3대 속성 중 하나에서 파생된 것으로 본다. 즉 신은 정신의 근원인 정신성(Geisthaftigkeit), 자연에서 드러나는 자연성(Naturhaftigkeit), 그리고 제3의 속성인 인격성(Personhaftigkeit)을 갖춘 존재이다. 모든 사람의 인격은 이러한 인격성에서 유래하는 것으로 인식된다(Buber, 1995: 189).

"개체적 존재는 자연적인 분열상태의 정신적 형태이고, 인격체는 자연적인 결합상태의 정신적 형태이다"(Buber, 1995: 93~94). 부연하면, 부버는 인격체로서 '나'는 자아를 존재에 관여하고 있는 것으로서, 하나의 공존자로서, 그리고 그러한 하나의 존재자로서 인식한다. 이에 반해 개체적 존재로서 '나'는 자기를 다른 존재로부터 분리시켜 자기 자신을 실재로부터 멀리 떼어 놓아 고립시킨다(Buber, 1995: 95).

4) '사이존재'의 생성

이상에서 설명한 '나-너'의 관계적 속성은 궁극적으로 제삼의 개념으로서 '사이존재(Zwischensein)'의 생성으로 이어진다. 사이존재는 '나'와 '너' 또는 '나-너' 관계가 형성하는 공동체적 존재를 뜻하는 것으로 부버 소통사상의 핵심 개념으로 꼽힌다. 로텐스트라이히는 부버 대화이론의 핵심은 '사이존재'에 있다고 평가한다(Rotenstreich, 1963: 89). 사이존재는 실체적 존재가 아니라, 관계적 존재의 의미를 함축하는 것으로 관계론적 소통사상을 견인한다. 사이존재는 '나'와 '너' 사이에 있는 또 다른 제삼의 실체가 아니라, '나'와 '너'가 함께 생성하는 '더불어 존재', 또는 '사이인간(Zwischenmensch)'이라고 할 수 있다. 따라서 사이존재는 '더불어 인간(Mitmensch)', '사이인간(Zwischenmensch)', '창조적 현존재', '더불어 존재(Mitsein)' 등 다양하게 불린다.

사이존재는 구체적으로 어떤 조건에서 생성되는가? 간단히 말하면, '나-너' 관계가 이루어질 때 '사이(Zwischen)', 또는 사이존재가 형성된다. '나-너' 속에서의 '나'와 '너'라는 존재가 사이존재를 낳는 근원인 셈이다. '나-너'에서 '나'와 '너'는 서로 다른 존재가 아니라, 동일한 성격을 갖는 존재들이다. '나-너' 둘의 관계는 주체와 객체 관계가 아니라, 주체와 주체의 관계이다. '너'의 존재는 '나'라는 관점에서의 또 '다른 나'에 대한 호칭일 뿐이다.

이러한 사이존재를 생성하는 '나'는 인격체적 존재이어야 한다. 부버에 의하면 인격체로서의 '나'는 고유한 속성인 '원간격(Urdistanz)'을 갖춘 존재를 뜻한다. 원간격(Urdistanz) 개념에 대한 번역은 근원적 간격, 원거리, 근원적 독자성 등 다양하게 제시될 수 있으나, 이 글에서는 원문 글자 의미 그대로 '원간격'으로 통일하기로 한다. 원간격은 각 개체가 지닌 내적 구조의 존재론적 영역으로, 관계에 들어설 수 있도록 독립적이며 스스로 존재케 하는 특성이라고 할 수 있다. 따라서 이는 각 개체의 독립성, 유일무이성, 사적 영역 등으로 불리기도 한다. 원간격을 확보하고 있는 "개체로서의 자아는 스스로가 모든 면에서 홀로 서고, 자기 삶의 주인이고, 누구에게 예속되거나 구속받지 않기에 자유롭고 자율적이면서, 유일무이한 존재이며, 자신의 고유한 존재론적 영역을 소유하고 있다"(최성식, 2007: 80).

이렇듯 독립적 개체 존재의 위상은 원간격이라는 특수한 속성을 통해서 형성되며, 원간격은 일종의 관계를 낳는 속성이다. 다시 말해서 원간격을 지닌 자아는 관계적 속성을 간직하고 있다(Rotenstreich, 1963: 100). 따라서 원간격은 타자와 소통관계를 맺기 위한 전제요건이라고 할 수 있다(최성식, 2007: 77). 부버는 아예 원간격을 모든 인간관계의 기본전제라고 폭넓게 이해한다(Buber, 1963: 594).

이상에서 살펴본 원간격이라는 속성을 지닌 '나'와 '너'가 만드는 '나-너' 관계는 '사이' 또는 '간격'을 형성하며, 이를 기반으로 서로의 소통관계가 맺어지고 대화가 이루어진다. 원간격으로 인한 사이 또는 간격은 관계형성에서 보조적 역할을 하는 것이 아니라, 중추적이고 본질적 역할을 수행하는 영역인 것이다(최성식, 2007: 85). 이러한 원간격에 대한 부버의 사유는 '나-너' 관계에서 실체가 사라지는 '관계적 존재' 또는 '사이적 존재'에 관한 또 다른 서술과 상호 모순적으로 비칠 수도 있다. 그러나 원간격은 인격체로서 '나', '너'의 속성을 강조하면서 진정한 관계적 소통에 도달케 하는 개념일 뿐이다. 부버는 소통의 위기, 나아가 인간의 위기는 곧 사이존재의 위기라고 평가한다(Schrey, 1970: 59).

부버의 소통사상에서 구심체를 이루는 사이존재 개념이 갖는 의미를 정리하면 다음과 같다. 먼저 부버는 사이(Zwischen)를 시간과 공간으로 엮인 그물의 한 점이라기보다는 여기와 저기, 나와 너를 포함하는 중간 영역으로 인식한다. 부버는 '사이존재'를 "주체적인 것의 저편과 객체적인 것의 이편 사이에 놓여 있는 좁은 산등성이", "인간적인 실재의 원범주(Urkategorie)", "인간적 관계 형성의 보조적 장치가 아니라, 실질적인 장소이자 지주"(Buber, 2009) 등으로 표현하고 있다.

한편 "사이는 나와 너의 창조적 중앙으로서 나와 너는 사이에서 서로 만나고, 나는 나, 너는 너로서 실존하며 실현한다"(윤석빈, 2007: 48)고 본다. 이러한 의미에서 사이존재는 새로운 관계를 창조하는 신비스러운 개념으로 규정할 수 있다. 구체적으로 사이존재는 '나'와 '너'가 마주 서서 형성되는 곳이다(Marcel, 1963: 39). 레비나스(Levinas)는 사이존재를 주체도 객체도 있는 어떤 힘의 장(Kraftfeld)으로 존재하는 것이 아니라, 창조적 중심이 아닌 제삼의 존재자에 속하는 것으로 평가한다. 하지만 사이존재는 독립적으로 존재하는 일종의 '사이 항성(恒星)' 같은 공간은 아니다. 사이존재는 '나'와 '너'가 특별한 만남을 이루는 특수한 초월적 속성을 내포하고 있다. 다시 말해서 사이존재는 존재의 내용이나 존재의 사물적 표상 또는 서술할 수 있는 존재 등 실체적 존재 개념을 갖지 않고, 총체적으로 존재를 표현하는 의미를 함축하고 있다(Levinas, 1963: 124~129).

이처럼 부버의 사이존재는 개념적으로 파악하기 어려운 신비성을 간직한 제삼의 존재자의 속성을 갖는다. 이러한 특성은 분석적이고 인과적인 사고방식이 지배하는 현대사회에서 사이존재의 독립성에 관한 올바른 평가를 어렵게 만든다. 부버 자신도 분석적으로 파악하기 곤란한 사이존재의 개념을 '신비성'이라는 용어로 설명하고 있다. 중요한 점은 인간의 인격체적 소통관계는 인간 개개인의 내면세계 또는 광대한 외부세계에 존재하는 것이 아니라, 이들 인간의 사이존재에서 생성된다는 것이다(Wehr, 1992: 94).

부버가 제시하는 사이존재는 소통관계에서 왜 중요하게 인식되는가? 우선 인간 실존의 본질적 속성이 나 혼자가 아닌 타자와 함께하는 것이라는 점에서 사이존재는 소중한 가치를 지닌다. 인간세계의 가장 두드러진 특징은 자연세계에서는 찾아볼 수 없는 그 무엇을 인간과 인간이 함께 실현한다는 점이다. 그 속에서 인간은 자신의 개체 영역을 뛰어넘는 공통 영역을 상호 공유하려고 타 존재를 지향한다. 나와 너의 중간에 위치한 사이존재의 속성은 개체성도 아니고, 그렇다고 두 개체를 서로 포괄하는 보편성도 아니다. 또한 이는 인위적으로 이루어진 것이 아닌 진정한 관계를 느끼게 하는 그 무엇이다(Marcel, 1963: 36~37). 따라서 사이존재는 '나'와 '너'의 진정한 소통관계가 이루어지는 곳으로, 이것이 없으면 만남이 없고 만남이 없으면 소통관계가 이루어지지 않게 된다. 따라서 부버는 아예 '인간(Menschen)'을 사이존재를 함축하는 '더불어 인간(Mitmenschen)'으로 전환 인식하는데, 이것이 진정한 소통관계의 전제조건이다.

이런 사이존재적 관계는 각자 자기 자신에게 되먹임 하는 소통적 특성을 지니게 된다(윤석빈, 2007: 47). 보통 '나' 또는 '너'가 주체의 영역에서 소통을 할 경우에는 대상적 파트너로서 타자를 지향하는 것과는 사뭇 다르다. 따라서 사이존재는 '나'와 '너'가 함께 생성하였으나, 다시 '나' 그리고 '너' 자신에게 피드백 되어 자아를 깨닫게 하거나, 자아실현에 이르도록 한다. 자아는 본래 완전하거나 궁극적인 존재가 아니며, 인간 현존재의 창조적 자아는 점진적으로 형성될 뿐이다. 서로 마주하면서 사이인간을 드높이 제고시키는 소통관계는 인간의 창조적 자아실현을 위한 방편으로 평가된다고 할 수 있다(Wehr, 1992: 94).

5. 대화철학의 평가

위의 논의에서 서술했듯이, 이 글은 마틴 부버의 대화철학을 개체론과 관계론적 관점에서 분석을 시도하였다. 이를 통해 그동안 커뮤니케이션학 영역을 지배해 왔던 실체/요소 중심의 이원론적 인식론을 극복하고 관계론적이고 전일적인 관점에서의 대안을 모색하였다. 부버는 이른바 '나-그것'과 '나-너'라는 이중적 프레임을 통해 자신의 소통철학을 제시하고 있다. 부버의 '나-그것' 관계 논리는 자신의 목적 달성을 위해 서로를 이용과 경험의 대상으로 인식하는 주체와 객체의 도구적 소통인 반면, '나-너' 관계는 '나'와 또 다른 나, 즉 주체와 주체의 소통이 이루어지기 때문에, '나'와 '너'는 인격체적 자아와 공동체적 존재로 승화된다.

'나-그것'의 사물적 관계를 극복하기 위해서 부버는 인간을 더불어 존재, 즉 관계적 존재로 인식하면서 이에 관한 사유를 체계화하였다. 즉 인간을 홀로 사는 개체적 존재라기보다는 타자와 더불어 사는 존재, 즉 '사이존재'로 규정한다. 이를 기반으로 부버는 실체를 중심으로 한 전통적인 주체-객체 관계의 인과론적 소통관을 극복하고, 그 대안으로 원간격과 사이존재를 기반으로 하는 전일적이자 관계론적 소통사상을 정립하였다고 평가할 수 있다.

이러한 부버의 관계론적 소통철학은 두 가지 점에서 중요한 기여를 하고 있다. 첫째, 나의 인격적 자아실현, 즉 개체로서의 자아를 극복하고 인격체로서의 자아(소통적 자아)를 실현토록 한다. 둘째, 나아가 공동체적 자아 또는 더불어 인간으로 성장하도록 기여한다. '나'와 '너'는 각각 독립된 고유한 존재이지만, '나-너'라는 소통관계의 형성을 통하여 함께하는 공동체적(공존적) 자아로 성숙해진다. 근원어 '나-너'는 '나' 또는 '너' 자신보다도 우선하는 것으로, 이러한 소통에 참여하는 것은 곧 관계적 존재가 됨을 의미한다.

한편 본 연구를 통해서 도출할 수 있는 부버 소통사상의 주요한 함의를 정리하면 다음과 같다.

첫째, 개체 또는 실체 중심의 이원론적 소통논리를 넘어서는 인식론을 제공한다. 달리 말하면 부버는 근대 서구 사상에 기반한 실체적 소통 패러다임의 한계를 극복하는 대안 논리를 제공했다고 평가할 수 있다.

둘째, 부버의 '나-너' 소통관계는 서로 떨어진 둘이 아니라 하나로 융화된 전일성 차원의 상호관계를 내포한다. 이는 애초부터 모든 것이 이어져 있다는 '원관계'적 사유를 전제로 성립되는 것이라고 할 수 있다.

셋째, 부버 사상은 주체-주체의 대등한 휴머니즘적 소통모델을 제시한다. 즉 매스커뮤니케이션을 지배하는 주체-객체 또는 송신자-수신자라는 불평등하고 사물화된 소통관계를 넘어서는 대안을 보여준다.

넷째, 부버는 '사이존재'라는 전일적 존재를 기반으로 이루어지는 새로운 소통 패러다임을 정립하였다. 이는 나, 너라는 개체적 존재 중심의 소통관념을 깨트리고, 전통적인 이분법적 소통 패러다임을 파기시킨다.

다섯째, 보통 소통은 상대방을 향하는 타자 지향적 행위로 인식되나, 부버의 소통사상은 궁극적으로 자아실현에 이르게 한다. 이런 관점에서 부버 사상은 자아 지향적이고 자아 성찰적이며, 자기 자신에로 회귀하는 재귀적 행위의 성격을 내포하고 있다.

여섯째, 소통 참여 주체는 변하지 않는 고정된 실체가 아니라 가변적인 존재임을 일깨워 준다. 이를테면 소통 파트너가 '너' 혹은 '그것'이 될 수 있듯이, 전일적/관계적 차원에서는 늘 가변적이고 일시적 형상으로만 자기존재를 드러낼 뿐이다.

결국 부버 사상에서 소통은 원간격을 내포하고 있는 개체가 또 다른 개체인 타자와 관계를 맺음으로써 인격체적 존재 및 공동체적 존재로 거듭나는 것을 의미한다고 할 수 있다. 이러한 소통은 '만남과 떨어짐' 또는 '따로 또 함께'가 연속적으로 이루어지는 관계에 다름 아니다. 부버에게 '관계'라는 개념은 곧 소통을 뜻하고, 이런 의미에서 그는 진정한 소통사상가로 평가된다. 특히 대화철학자로서 그는 키르케고르가 간과했던 '너'의 존재를 재발견하는 한편, 포이어바흐가 소홀히 했던 인격체적 사이존재를 기반으로 하는 관계론적 소통철학을 정립하였다.

따라서 부버의 사유체계는 무엇보다 현대 미디어정보사회를 지배하는 '나-그것'의 도구적이고 사물적 소통질서를 극복하는 데 일조하는 한편, 나아가 인간의 소외현상을 극복하고 근원적 소통관계를 재인식하는 데에도 기여할 것으로 예상된다.

끝으로 부버의 소통관은 동양의 관계론적 소통 사유와도 일맥상통하는 것이다. 예를 들어 "송신자, 수용자, 메시지는 구분된 존재가 아니라 역동적인 관계가 낳는 상대적, 임시적, 상호작용적인 것이다"(김용호, 1992: 39)라는 불교의 연기관계적 소통사상은 부버의 소통사상과 유사성을 갖는다. 나아가 관계론적 관점은 관계가 구성요소에 우선한다는 점에 대해 이렇게 덧붙인다. "커뮤니케이션은 그 구성요소에 선행한다. 근본적 구성요소가 있고 나서 이들 사이의 커뮤니케이션이 있는 것이 아니라, 보다 근본적인 커뮤니케이션이 구성요소들을 상대적 계기로 생산하면서 진행될 뿐이다"(김용호, 1992: 39).

이러한 관계론적 사유 관점은 생명과 자연세계에서도 더 이상 새로운 것이 아니다(Capra, 2001). 따라서 관계론적 소통사상은 단지 추상적인 인식론적 차원에 그치지 않고, 인간과 사물의 현실세계를 지배하는 근원적 원리라고 할 수 있다. 요컨대 부버의 소통철학은 서구 중심의 소통 패러다임을 넘어서 동양사상에 기초하는 소통관, 그리고 인간과 자연을 아우르는 범우주적 차원의 소통관계에 부합되는 논리라고 평가할 수 있다.

참고문헌

강영안, 2015. 《타인의 얼굴. 레비나스의 철학》, 문학과 지성사.

김용호, 1992. 〈삼륜청정과 연기론적 수용자 개념. '요소', '실체'에서 '관계'로의 전환〉, 《한국언론학보》, 제27호, 31~57.

김진웅, 2016. 〈마틴 부버의 커뮤니케이션철학: '실체론'을 넘어 '관계론'으로〉, 《커뮤니케이션학연구》, 제24권 1호, 2016년 봄, 61~81.

김진웅, 2020. 《메타커뮤니케이션》, 커뮤니케이션북스.

박홍규, 2012. 《마틴 부버》, 홍성사.

신응철, 2011. 〈부버, 틸리히, 가다머 -부버의 〈나-너〉 철학에 대한 틸리히와 가다머의 해석을 중심으로-〉, 《해석학 연구》, 제27집, 229~257.

윤석빈, 2005. 〈다석 유영모와 마틴 부버의 관점에서 본 사이존재로서의 인간〉, 《동서철학연구》, 제38호, 349~371.

윤석빈, 2006. 〈마틴 부버의 대화원리 -인간실존의 토대로서의 대화-〉, 《동서철학연구》, 제42호, 271~294.

윤석빈, 2007. 〈고립된 이성적 존재에서 공동체 인간성으로〉, In M. Buber(2007). Das Problem des Menschen 해제, 도서출판 길, 9~55.

전종윤, 2010. 〈대화철학과 대화주의 -마틴 부버와 프랑시스 자크를 중심으로-〉, 《해석학 연구》, 제25집, 1~22.

최성식, 2011. 《소통과 공존의 철학》, 광주: 전남대학교출판부.

최성식, 2007. 〈마틴 부버 대화철학에서의 원간격(原間隔, Urdistanz)과 간격(間隔, Zwischen) 개념에 관한 존재론적 고찰〉, 《범한철학》, 제46집, 2007 가을, 72~108.

표재명, 1995. 〈부버의 〈나와 너〉에 대하여〉, In M. Buber(1995). Ich und Du 해제, 문예출판사, 196~215.

Buber, M. 1963. Antwort, In P. A. Schilpp and M. Friedman (eds.), *Martin Buber*, Stuttgart: Kohlhammer Verlag, 589~639.

Buber, M. 1964. *Reden ueber Erziehung*, Heidelberg: Verlag Lambert Schneider. 우정길 역

(2014).《교육강연집》, 지식을 만드는 지식.

Buber, M. 1958. *Hasidism and Modern Man*, New York: Harper Torchbooks. 남정길 역 (1994).《하시디즘과 현대인 -유대교의 경건주의-》, 현대미학사.

Buber, M. 1992. Ich und Du, In M. Buber(1992). *Das Dialogische Prinzip*, Gerlingen: Verlag Lambert Schneider. 표재명 역(1995).《나와 너》, 문예출판사.

Buber, M. 2005. *Das Problem des Menschen*, 윤석빈 역(2007).《인간의 문제》, 도서출판 길.

Capra, F. 1997. *The Web of Life. A new scientific Understanding of Living System*, Anchor Books. 김용정/감동광 역(2001).《생명의 그물》, 범양사.

Feuerbach, L. 1980. Grundsaetze der Philosophie der Zukunft, In L. Feuerbach (1843/1980). *Philosophische Kritiken und Grundsaetze*, Leipzig: Verlag Philipp Reclam, 192~273.

Levinas, E. 1963. Martin Buber und die Erkenntnistheorie. In P. A. Schilpp and M. Friedman (eds.), *Martin Buber*, Stuttgart: Kohlhammer Verlag, 119~134.

Levinas, E. 1979. *Le Temps et L'autre*. 강영안 역(2015).《시간과 타자》, 문예출판사.

Marcel, G. 1963. Ich und Du bei Martin Buber. In P. A. Schilpp and M. Friedman (eds.), *Martin Buber*, Stuttgart: Kohlhammer Verlag, 35~41.

Rotenstreich, N. 1963. Gruende und Grenzen von Martin Bubers dialogischem Denken. In P. A. Schilpp and M. Friedman (eds.), *Martin Buber*, Stuttgart: Kohlhammer Verlag, 87~118.

Schrey, H.-H. 1970. *Dialogisches Denken*. Darmstadt: Wissenschaftliche Buchgesellschaft.

Wehr, G. 1968. *Martin Buber*, Hamburg: Rowohlt Taschenbuch Verlag.

학문소통의 인식론

1. 학문세계의 소통 필요성

우리가 살아가는 현실 세계의 모든 존재와 사물은 하나로 연결되어 있다. 이를테면 나와 너, 우리라는 인간세계는 물론 자연세계도 인간과 상호작용 하는 긴밀한 관계를 형성하고 있다. 현대 인류가 직면하고 있는 환경위기는 이를 증명해 주는 대표적인 사례라고 할 수 있다. 그리고 이런 현상을 깨우쳐주는 것은 무엇보다 지식 또는 학문을 통해서이다. 하지만 이를 인식하는 학문세계의 방법은 매우 다양하고, 또 이에 따라 인식된 존재의 양상 역시 매우 다양하다. 특히 존재를 인식하는 스펙트럼의 다양성은 결정적 역할을 한다. 예를 들어 의식의 스펙트럼에 따라 산출되는 지적 산물들은 과학, 철학, 예술, 종교 등 다양한 학문세계를 구성한다. 또한 학문세계의 분화는 점점 심화되어 마치 이를 낳는 근원인 현실 세계도 그만큼 분화되어 있는 것처럼 인식되기조차 할 지경이다. 인간의 지적 산물인 학문(특히 자연과학)이 오히려 현실 세계를 구성하는 데까지 이르고 있는 것이다. 이런 문제는 통합된 하나로 이어진 현실 세계를 오도하고 현실문제 해결을 어렵게 만든다. 서로 분리된 관점에서 현상을 바라보고 각자의 인식 관점 자체가 다르기 때문이다. 이런 문제점으로 인해 통합적 관점에서 해결해야 할 당면과제, 이를테면 환경문제에 대한 해결은 어렵고 전 인류 공동체 위기는 점점 심각해지고 있다.

이런 배경에서 최근에는 학제 간 연구, 학문의 융·복합, 지식의 통섭 등 새로운 학문 패러다임 혹은 학문소통의 필요성을 공감하고 움직임이 활발해지고 있다. 그동안 서구를 중심으로 발전해 온 합리적인 근대과학의 한계성을 절감하고 이를 극복하려는 시도의 의미도 내포되어 있다. 특히 전 학문 영역이 경험과학 일변도로 지배되는 패러다임의 문제점에 대해 많은 연구자들이 공감하고 있다. 기후변화, 환경파괴, 핵 위기, 국가 간 빈부격차 등 현대사회가 당면하고 있는 문제는 전 세계적인 현상으로 심각한 위기의식이 팽배하고 있다. 그럼에도 최첨단의 과학기술 문명은 근본적인 해결책을 제시하지 못하고 있다. 이른바 탈 정상과학(post-normal science)이 지배하는 현대사회의 위기는 절대 간과하기 어려운 당면과제인 것이다(김진웅, 2022: 161~178).

이런 시급한 현실을 반영하여 새로운 패러다임에 대한 관심이 다각적으로 전개되어 왔다. 즉 생태학, 시스템이론, 포스트모던, 신과학이론, 전일주의 등이 제시되고 이에 대한 세간의 관심이 집중되었다. 현대 문명이 직면한 위기를 함께 극복하려는 시도들이다. 이런 관점에서 켄 윌버(Ken Wilber)가 제시하는 학문세계의 통합적 인식론은 주목을 끈다. 우선 그의 사상은 새로운 이론들을 포용하면서 동시에 초월하려는 관점을 내포한다는 점에서 통합적이고 독창적이다. 또한 윌버는 특정 학문 영역에 국한되지 않고, 동서양의 사상을 포괄적으로 조명하는 시각을 견지하고 있다. 심리학, 철학, 종교학, 과학 등 다양한 차원의 학문 사상들을 포용하면서 자신의 사상을 전개한다.

이런 관점은 그의 사상이 학문의 소통 또는 커뮤니케이션 현상에 대한 독특한 인식론을 제시한다는 점에서 더욱 중요하다고 생각한다. 따라서 이 글에서는 윌버의 학문소통에 관한 인식체계에 대해 분석해 보려고 한다. 이는 특

소통의 철학

히 고도로 분업화되고 전문화된 학문세계에서의 소통관계에 대한 문제를 해소해 줄 단초를 제시할 수 있다. 나아가 윌버의 사상에 기초한 '학문소통' 또는 '지식소통'이 새로운 패러다임을 정립하는 데 기여할 수도 있다고 생각한다. 예컨대 이러한 논의는 이미 널리 알려진 통섭론을 중심으로 한 학문 간 소통 담론에도 새로운 시각을 제공해 줄 수 있다. 윌슨의 통섭(統攝)론은 특정 학문 분야의 논리나 관점이 모든 학문을 지배하면서 포괄적으로 설명할 수 있는 것처럼 제시하고 있다. 이에 대해 윌버의 사상은 통섭론이 과연 타당한가라는 문제 제기를 하는 동시에, 비판적 시각도 제시한다. 이를 통해 윌버는 학문 및 지식 소통의 대안적 모델을 정립하는 데 일조할 것으로 예상된다.

이런 배경에서 이 글에서 살펴볼 주요 내용은 다음과 같다. 우선 윌버가 제시하는 존재와 의식에 대한 기본 관점인 의식의 스펙트럼에 따른 홀라키적 온우주론을 설명한다. 이어서 존재를 바라보는 윌버의 세 가지 소통 관점을 제시하고자 한다. 나아가 지식소통의 다양한 경로를 살펴보고, 학문(지식)세계의 영역은 어떻게 구획되는지에 관해 서술하려고 한다. 이를 통해 존재와 세계를 인식하는 통합적 학문소통의 체계를 습득하도록 하여, 하나로 이어진 현실 세계를 올바르게 인식하는 학문세계의 정립에도 일조할 것으로 기대된다.

2. 존재의 소통성: 홀라키적 온우주론

먼저 윌버의 존재에 대한 인식을 살펴보기로 한다. 윌버는 하위 차원의 물질에서부터 상위 차원의 초월적 의식에 이르는 모든 존재는 서로 연결되어 있다고 본다. 이에 관한 그의 이론을 이른바 '홀라키적 온우주론'으로 집약할 수 있다. 만물은 홀라키적으로 연결되어 소통하는 관계를 형성하고 있다고 인식하는 것이다. 여기서 홀라키(Holarchy)는 자연적 계층구조를 의미하는 것으로 사회지배적 계층구조를 뜻하는 하이라키(Hierarchy)와 유사한 개념으로 창안된 것이다. 홀라키는 홀론(Holon)과 아르키(Archy)가 합쳐져 만들어진 개념인데, 먼저 홀론은 존재의 대사슬과 생명의 그물을 형성하는 기본단위를 의미한다. 윌버는 홀론을 "아래를 보면 전체이고, 위를 보면 부분인 한 실체"(Wilber, 2004: 169)라는 개념으로 규정한다. 따라서 홀론은 위계성을 내포하는 온우주론을 구성하는 핵심적 요인으로 파악된다.

홀론이 내포하고 있는 특성은 크게 네 가지로 집약된다. 즉 첫째, 홀론 자체의 전체성이다. 즉 홀론은 자기정체성과 자율성을 보존 유지하는 자기보존 능력(작인: agency)을 지니고 있다. 둘째, 상위 홀론의 부분으로서 적합성을 유지토록 하는 자기적응 능력, 즉 공존적 교섭(communion) 능력을 지니고 있다. 셋째, 진화의 도약 및 창조적 점프의 자기초월 능력, 즉 초월성(transcendence)을 내포하고 있다. 그리고 넷째, 작인과 공존적 교섭력을 상실하는 자기소멸 능력, 즉 자신을 해체(dissolution)하는 능력을 소지하고 있다. 이 중에서 특히 셋째 단계는 이른바 창발적 진화의 과정을 의미하는 것으로 모든 실재는 자기초월적 능력을 갖고 있음을 보여주고 있다.

그리고 홀라키의 또 다른 구성요소인 아르키(Archy)는 서로 다른 수준들의 상관성을 의미하는 위계성, 다차원성의 개념을 내포하고 있다. 따라서 홀론과 아르키가 하나로 합쳐져 새로운 우주관을 제시하는 홀라키적 온우주론은 계층적 구조를 드러내는 특성을 갖고 있다. 홀라키는 전체성과 포괄성이 증가하는 순서에 따라 진행되는 진화와 발달의 패턴을 의미한다(윌버, 2004a: 64). 이른바 "전체는 부분의 합보다 더 크다"는 언술은 홀라키의 전일성을 대변해 준다. 전체는 부분의 합보다 더 높고 더 깊은 수준의 조직을 갖고 있음을 제시하고 있다. 홀라키적 온우주론에 따르면, "인간의식은 맨 하위의 사물(물질)의 단계로부터 홀라키적으로 차례로 창발적 진화를 통해 발달해 온 것이며, 상위의 의식은 더 하위의 의식을 내포하면서 초월한다"(조효남, 1998: 200).

이처럼 의식은 하나의 스펙트럼을 형성하면서 긴밀하게 연계되어 있는데, 이를 의식의 스펙트럼 혹은 '존재의 대연쇄(Great Chain of Being)'라고 부른다. 다시 말하면 이는 존재와 의식을 가장 단편적인 하위 영역부터 가장 정묘하고 통일된 영역에 이르기까지 다차원적 계층수준으로 인식하는 모형이다(조효남, 1998: 209). 실재는 일차원적이 아니라 상이한 연속적인 차원이 모여 구성되어 있음을 제시하고 있다.

존재의 연속체인 의식의 스펙트럼은 물질/비의식적 존재부터 절대정신/초의식적 존재에 이르는 일련의 스펙트럼을 뜻한다. 구체적으로 가장 낮은 의식 수준은 물질에너지이자 정기로 구성된 감각물리적, 지각적 의식의 물질단계이다. 다음 단계는 생명 호흡, 생체에너지, 생체의 기(氣) 등 생명의 수준이다. 셋째 단계는 마음의 수준으로 심리학에서 지성, 이지적 에고, 사고작용 등으로 부르는 인격적 수준에 해당한다. 넷째 단계는 마음 너머의 초인격 수준인 혼의 영역을 뜻하고, 원초적 심리과정, 환각적 직관 등이 여기에 속한다. 마지막 다섯째 단계는 인간의 개념 경험 상상을 완전히 초월하는 영적 영역이 해당된다. 이는 무경계, 절대적 지혜 또는 각성의 단계라고 부를 수 있다.

윌버는 상기한 각 단계의 상이한 의식 수준은 이에 상응하는 고유한 학문의 장을 형성한다고 본다. 다양한 학문세계를 의식 차원에 따라 구분하는 것이다. 구체적으로 가장 낮은 물질단계에서는 물리학이 상응하고, 생명수준은 생물학, 마음의 단계는 심리학이 상응하는 학문이다. 나아가 혼의 의식수준은 신학, 그리고 영/정신 수준은 신비주의가 각각 상응하는 학문으로 간주된다. 이로부터 학문의 소통관계에 관한 추론도 가능해진다. 예컨대 "모든 학문 분야는 그들이 드러내는 수준과 마찬가지로 계층적"이어서, "각각의 더 높은 수준의 연구는 더 아래 학문 분야를 포함하지만 그 역은 아니다"(조효남, 1998: 212). 인문학에서 자연과학까지 아우르는 학문세계에서의 소통관계는 이를 반영해서 형성된다고 할 수 있다.

하지만 실제로 각 분과학문 사이의 포월관계가 의식의 스펙트럼에 상응하여 규정되는 것인가의 문제는 논란이 될 수 있다. 이를테면 상위의 고차원적 의식에 상응하는 신비주의가 다른 분과학문 분야를 포월하지만, 반대로 사물의 물리적 성질을 다루는 물리학의 경우 의식수준에서는 가장 낮은 단계에 속하는 관계로 상위의 어떤 학문 영역도 포월하지 못한다는 논리에 수긍하지 못할 수도 있다. 이는 자연과학보다는 인문 정신과학 영역이 상위수준의 포월관계를 점유한다는 논리를 수용하는 문제와 관련되기 때문이다. 사실 통섭론은 생물학이 모든 학문을 지배한다는 사상으로 윌버의 사상과는 대치되는 논리에 속하는 것이다.

하지만 각 개별지식 영역에서의 소통의 문제를 판단하는 데에는 다음과 같은 견해를 기준으로 판단할 수 있다: "각 수준의 의식세계는 그들의 수준을 구분하는 특성으로 그보다 더 상위의 세계보다 더 제한되고 제어되는 속성을 가지고 있다는 점이다. 그러나 더 하위의 의식은 더 상위의 세계의 삶을 경험할 수 없으며 그들에 의해 상호 침투되어 있으면서도 그들의 실재성을 알아차리지도 못한다. 각 수준의 의식 홀론의 더 상위의 것은 더 하위의 것을 초월하면서 내포하지만 그 역은 아니다. 더 하위의 모든 것은 더 상위의 것 안에 있지만, 더 상위의 모든 것은 더 하위의 것 안에 있지 않다"(조효남, 1998: 212). 따라서 학문의 소통은 상위의 의식에 상응하는 분과학문이 하위의 의식에 상응하는 학문 영역을 포용하면서 이루어질 수 있다. 하지만 그 반대는 불가능하다고 본다.

3. 지식세계의 세 가지 인식통로: 육안·심안·영안

앞서 언급한 의식의 다차원적 스펙트럼은 이에 상응하는 개별학문의 인식 방법론과 범주를 규정하는 기반이 된다. 즉 물질적 존재로부터 초이성적 의식 차원까지의 현상을 인식하는 방법, 그리고 이것을 어떻게 구획할 것인가에 관해서 윌버는 독창적인 견해를 제시한다. 먼저 인식 방법론적인 측면에서 윌버는 이전의 사상적 전통을 차용하고 있다. 대표적으로 그는 보나벤투라와 위고의 견해를 수용하고 있다.

먼저 성 보나벤투라(Sanctus Bonaventura: 1221~1274)는 모든 현상 및 존재를 인식하는 관점을 세 가지로 구분한다(조효남, 1998: 200). 첫째는 육신의 눈(육안)을 통한 인식이다. 이 관점은 육안으로 외적 세계 및 대상을 지각하는 것을 의미한다. 구체적으로 시간적, 공간적, 감각적 대상에 대한 경험적 인식이 이에 해당된다. 둘째는 이성의 눈(심안)에 의한 인식이다. 철학 논리 마음 등 인간의 심리적 측면에 대한 인식을 포괄하는 의미를 뜻한다. 셋째, 정관(靜觀)의 눈(영안)을 통한 인식이다. 여기에는 영성, 초이성적 현상 등 초월적 실재의 현상에 대한 인식 방법이 해당된다.

한편 신비가인 성 빅토르 위그(Hugh of St. Victor: 1096~1141) 역시 사물과 존재의 인식방법을 보나벤투라와 유사하게 육신의 눈(eye of flesh), 이성의 눈(eye of reason), 관조의 눈(eye of contemplation)으로 대별한다. 여기서 관조의 눈은 영안 또는 정관의 눈과 동일한 의미를 내포한다. 따라서 두 사상은 모두 인간의 이성을 중심에 놓고 초이성적 영역과 전이성적 영역으로 구분하는 세 가지 관점을 제시한다는 공통점을 갖고 있다.

윌버는 이러한 개념적 틀을 차용하여 지식 획득의 방편으로 다음과 같이 세 가지 관점(눈)을 제시한다(Wilber, 2004: 61~67).

(1) 영성의 눈: 직관이나 관조, 묵상 등을 통하여 초월적 영역에 대한 체험 등을 인식할 수 있다. 여기에는 공(空), 도(道), 영원 등 초월적 데이터에 관한 인식이 속한다. 그러나 초상징적인 영성과학 및 초이론적 과학의 특성상 이에 대한 인식은 언어적 수단을 통한 소통이 불가능한 불립문자(不立文字)적 성격을 지닌다.

(2) 마음의 눈: 이는 이성, 지적 능력 등 상징적 지식을 기반으로 한 인식관점을 의미한다. 보통 관념, 심상, 논리, 개념 등 정신적 영역과 관련된다.

(3) 육신의 눈: 이는 보나벤투라의 견해와 같이 외적 감각세계나 대상을 지각하는 관점으로, 시간적, 공간적, 감각적 지식에 대한 인식을 경험토록 한다. 보통 물질을 대상으로 한 분석적 접근이 유효한 방법으로 인식된다.

이상의 세 가지 관점은 사물을 인식하는 주체의 의식 영역을 체계화한 것이다. 이러한 세 가지 인식관점에 따라 포착되는 현상의 대상 영역도 그대로 세 가지 차원으로 구분할 수 있다. 윌버는 이를 물질적 영역, 정신적 영역 그리고 관조적 영역으로 나누고 있다.

첫째, 물질적 영역은 신체적 본능과 과정, 단순한 감각과 지각, 정서적-성적 충동 등 물질적이고 생물적인 기능과 과정의 영역에 해당된다. 따라서 의심의 여지 없는 객관적이고 감각적인 실체들을 주요 대상으로 한 범주가 여기에 속한다.

둘째, 정신적 영역은 자명한 공리적 진실, 직관적인 자명한 진리, 신체 자아로부터 심적인 기능, 개념적 기능들이 출현 분화하는 단계이다. 여기서 언어는 현존하는 세계를 초월하는 수단이자 매개체이다. "언어와 상징적으로 시제화된 언어구조를 통해서 사람은 단순한 생물적 충동의 즉각적이고 충동적인 해소를 지연시킬 수 있는 길을 연다. 그 사람은 더 이상 전적으로 본능적 욕구에 지배당하지 않으며, 어느 정도까지는 그것들을 초월한다. 이러한 사실은 단지 자아가 신체로부터 분화하기 시작했음을, 그리고 심적이거나 언어적인 존재 또는 구문적인 존재로서 출현하기 시작했음을 의미한다"(Wilber, 2004: 174~175).

셋째, 관조적 영역은 계시적 통찰, 만다라적(역설적) 사유 등 초개인적, 초정신적인 상태에 기반하고 있다. 따라서 이 단계는 존재와 실존 자체의 근본적, 원형적 형상에 대한 심오한 통찰을 낳는 직관이나 영지의 상태를 뜻한다(Wilber, 2004: 179). 또한 하위구조들로부터의 분화 혹은 하위구조의 초월에 의한 상위 심층구조의 출현의 단계를 의미하기도 한다. 따라서 상위의식으로서 관조적 영역은 의식의 상실이 아니라, 의식의 진화 발달 초월 및 동일시를 통한 의식의 강화이고, 하위구조들을 조작하고 통합할 수 있다(Wilber, 2004: 179~183). 그러나 학문으로서 초월적 영역의 경우는 과학적 요건을 수용하지 않을 경우, 자칫 신화적, 독선적 주장으로 전락할 가능성도 다분하다. 그 사례는 흔히 거짓 신화적 주장을 제시하는 종교에서 찾아볼 수 있다(Wilber, 2003: 277, 281 참조).

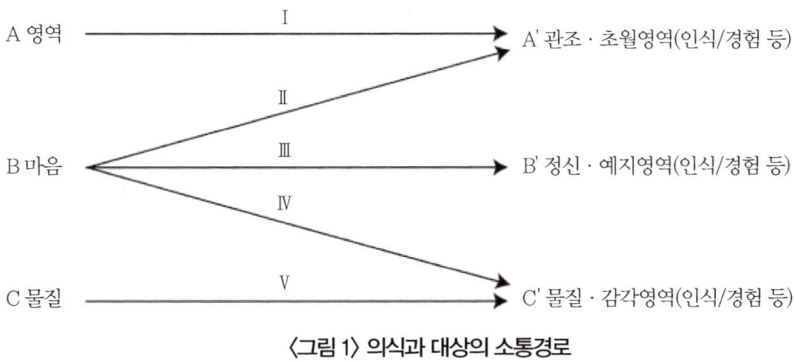

〈그림 1〉 의식과 대상의 소통경로

4. 지식소통의 경로

한편 상기한 세 가지 관점을 기반으로 하고 인식 경험 전반을 대상으로 한 지식소통의 경로는 어떻게 구조화할 수 있을까? 윌버는 이를 크게 다섯 가지 경로로 구분하고 있다. 우선 인식주체로서 영성, 마음, 물질이 각각 그것에 상응하는 대상수준에 대한 직접적 지식을 획득하는 경로가 세 가지이다(I, III, IV). 여기에 마음의 눈(B)이 각각 초월(영성) 영역과 감각(물질) 영역에 대한 지식을 추구하는 경로 두 가지가 추가된다(II, IV). 이들 다섯 가지 경로를 좀 더 구체적으로 설명하면 다음과 같다.

• A-A′(I): 이 경로는 영성의 관점에서 초월적 영역에 대한 직접적이자 객관적인 파악을 의미한다. 다시 말해서 인식주체가 영성적 시각에서 동일 차원인 영성적 대상에 대한 직접적인 지시나 또는 시간적, 공간적, 감각적 초월 영역에 대한 즉각적인 직관을 가리킨다. 영지 혹은 관조의 시각에서 초상징적 세계에 대한 초상징적 소통을 뜻한다. 경로I은 의식수준 및 인식의 대상 모두 이성적 차원을 넘어선다는 특성을 지니고 있다.

• B-A′(II): 이 관점은 I과 같이 초월 영역에 대한 초논리적이고 관조적 과학이라는 점에서는 동일하다. 그러나 II는 영성의 눈이 아닌 마음의 눈 관점에서 초월적 영역을 인식하는 마음 및 정신적 작동, 사고라는 점이 다르다. 윌버는 이를 만다라적 사고 혹은 역설적 사고라고 규정하였다. 윌버에 따르면 역설은 비이원성을 마음 수준에서 보는 방식이라고 한다(윌버, 2004: 301). 절대에 대하여 추론하려고 할 경우 마음은 필연적으로 역설을 만들어 내듯이, 역설적 방식은 스스로 모순에 빠진 언술에 속한다. 이러한 영성에 대한 마음

의 시도라는 언술방식은 이원성의 두 가지 측면을 모두 지지하는 역설적 성격, 혹은 이원성의 두 가지 측면을 모두 부정하는 이중부정의 특징을 지닌다. 간혹 어떤 체계의 일관성을 유지하기 위해 역설의 어느 한쪽만을 주장하는 경우 비역설적으로 보이게 된다. 선불교에서 통용되는 언어적 소통방식이 대표적인 사례에 속한다. 이 경우에는 이성 및 논리를 분쇄하거나 진정한 관조, 지혜를 얻기 위한 방편으로 만다라적 언술방식을 적용한다.

그러나 만다라적 사고는 초월적 사고가 아닌 모순적 사고로 귀결될 가능성도 있다. 즉 역설적 방식은 정신분열적 사고와 같이 어떤 측면에서는 모순을 내포할 수도 있다(Wilber, 2004: 315).

• B-B′(III): 지적 영역의 세계를 반영하는 마음, 그리고 그 세계 속에 기초해 있는 마음 자체에 대한 즉각적이고 직접적인 데이터를 추구한다. 이 경로는 의미 가치 간주관적 이해 등 내연(intention)을 대상으로 한 관념적, 해석학적, 의미론적, 이중 논리적(대화적) 과학의 특성을 지닌 정신적 사고의 관점을 의미한다. 또 이 양식은 물리적, 감각적 시공간을 초월한 역사적, 심리적 시공간을 인식하거나 측정하는 특성을 지닌다.

• B-C′(IV): 윌버에 의하면 경로 IV는 주관이 객관세계에 대해 검증하는 방식으로 경험 분석과학의 소통관점을 의미한다. 달리 말하면 "경험적, 물질적 대상에 대한 심적 지식 또는 마음의 운동감각적 세계에 대한 관념"(Wilber, 2004: 295)으로 규정한다. 따라서 객관적 실재에 대한 단일논리적 혹은 독백적 과학의 속성을 지닌다. 생물 물질세계에 관한 감각적 데이터를 분석하거나 기술하는 방식이 통상적으로 사용되며, 보통 자연과학적 방법이 이에 해당된다.

그러나 IV 경로가 지니고 있는 문제는 경로 III과정상의 해석학적 소통방식을 단지 감각적 차원의 상호 교환으로 축소하여 환원시킨다는 점이다. 이에 따라 철학을 단지 실증주의적 관점, 심리학은 행태주의적 시각에서 인식하는 퇴보를 보이기도 한다.

• C-C′(V): 이 소통양식은 한마디로 "감각운동적 인지, 육안, 전상징적 세계(감각세계)에 대한 전상징적 파악이다"(Wilber, 2004: 146). 따라서 감각 영역을 대상으로 하는 점은 상기한 IV 경로와 동일하지만, 이를 전상징적으로 인식한다는 점이 다르다. 물질감각과 물질적 대상 간의 직접적이고 즉각적인 소통양식을 뜻하는 것이라고 할 수 있다. 물리적 시간, 물리적 공간, 물질 영역, 물리적 외연(길이, 넓이, 높이, 무게 등)이 대표적인 감각적 대상 영역이고, 이를 포착하고 인식하는 것이 경로 V의 방식이다.

그리고 경로 II와 IV는 감각적 영역 또는 초월적 영역의 데이터를 마음 또는 이성의 관점에서 설명하는 경로이다. 이를 위해 상징, 개념 같은 심적 자료를 사용하는 중재과정을 거친다는 특징을 지닌다. 즉 지도 그리기, 모델 만들기 등과 같은 이론적 지식의 과정이 여기에 해당된다(Wilber, 2004: 146). 이는 초월 영역이나 감각 영역은 스스로 사고하거나 이론을 만들어 내는 영역이 아니고, 단지 사고 및 이론의 대상 영역이라는 점과도 관련되어 있다. 특히 IV는 모든 대상 영역을 감각적, 물질적 수준으로 환원시켜 인식하는 근대과학적 학문 전통을 대변하는 방식이라고 할 수 있다.

이상과 같이 영성의 눈, 이성의 눈, 감각의 눈은 각각 인식할 수 있는 고유한 역할이 주어져 있다. 그렇지 않고 어느 하나의 눈이 다른 눈의 역할을 대신하거나 침범하는 경우 문제가 일어나는데, 윌버는 이를 범주오류(category error)라고 개념화하였다. 범주오류는 곧 논리오용을 의미하는 것으로 하나의 눈이 다른 눈(관점)의 역할을 침해하는 현상이라고 규정할 수 있다. 예를 들면 과학이 철학, 종교를 모두 설명할 수 있다는 과학지상주의는 범주오류에 해당된다. "감각, 이성 그리고 관조는 자신의 영역에서 자신의 진실을 밝혀내야 하며, 어떤 눈이 다른 눈을 대신하려고 할 때는 단지 희미한 시각만을 초래할 뿐이다"(Wilber, 2004: 71).

범주오류는 현실적으로 '전/초 오류(pre/trans fallacy)'의 의미를 지닌다. 다시 말해서 전합리적인(prerational) 범주와 초합리적인(transrational) 범주를 혼동하는 것을 의미한다. 여기서 전합리성은 감각적 지각, 생명감, 신체적 감성, 유기체적 정서 등 합리성을 배제하려는 반이성적 경향을 뜻한다. 이에 비해 초합리성은 초인격적, 초개체적 특성 등과 같이 합리적 조망을 넘어서는 초이성적 경향을 의미한다.

5. 지식소통을 통한 진리의 네 영역

상기한 의식 영역에 대한 광의의 이해는 우리로 하여금 과학 또는 학문에 대한 새로운 인식으로 이끈다. 사전적 의미에서 과학의 개념은 "보편적 진리나 법칙의 발견을 목적으로 하는 체계적 지식"(금성 국어대사전)을 뜻한다. 보통 과학은 무엇을 대상으로 하는가에 따라 자연과학과 사회과학 또는 정신과학으로 구분되기도 한다. 근대과학은 좁은 의미의 감각경험적 지식을 토대로 하는 학문만을 과학으로 수용해 온 경향이 강하다. 즉 물질 영역, 외적 세계, 객체 등 외면적 현상만을 연구 대상으로 인식하고 있다. 따라서 경험과학적 관점에서 볼 때 인간의 의식, 관념, 영성 등 내면적 현상은 과학의 영역으로 인식하지 않는 경향이 강하다. 이러한 내면적 영역은 모두 경험적 대상으로 환원시켜 인식될 경우에만 과학으로 포함된다고 본다.

그러나 넓은 의미에서 보면 내면적 영역도 과학적 방법이 적용될 경우, 고유한 학문의 영역에 해당된다는 것이 윌버의 견해이다. 이른바 마음과 영성을 포함한 영역을 정신이라고 하고, 이를 대상으로 한 학문을 정신과학이라 일컫는다. 윌버는 정신(Geist)을 "우주와 마찬가지로 연속해서 상위의 전체성과 통일성 및 통합으로 구성된 다층적인(중다차원적인) 것"(Wilber, 2004: 168)이라고 인식한다. 정신은 자연의 끝없는 상위의 통일성을 향한 충동인 전일적인 진화를 통해서 성장 또는 발달한다. 따라서 상위 영역으로서 정신과 영성은 "하위 영역 안에 온갖 형태를 형성하고 정보를 주며 창조하고 틀 지우며 만들어 내고 변경시킨다. 그러나 그러한 산물들은 하위 영역에 의해 파악될 수 없으며 하위 영역으로 환원될 수도 없다"(Wilber, 2004: 168). 정신과학은 영성 및 초월적 상위 영역을 다룰 뿐 아니라, 문화, 역사 등 이성의 영역 그리고 자연과 물질의 하위 영역의 의미와 의도를 파악하거나 이해하는 포월적 성격을 내포하고 있다.

이러한 광의의 학문 영역은 지식 또는 과학 소통을 구성하는 세 가지 요건의 부합 여부에 따라 결정된다. 이를 학문소통의 요건이라고도 할 수 있는데, 이에 관해 상술하면 다음과 같다(Wilber, 2004: 98~102).

(1) 도구 또는 교시(injunction or instrument): 도구나 교시는 어떤 것을 알고 싶으면 이렇게 하라는 지시, 문법, 실천방안, 패러다임 전범(exemplar)을 뜻한다. "모든 교시는 '당신이 이것을 알고 싶으면 이것을 하라'는 형태를 취한다"(Wilber, 2004: 98). 특정한 영역의 지식이나 앎을 얻기 위해서는 반드시 일정 수준의 훈련이 필요하다는 것이다. 이는 과학, 철학, 종교 등 모든 영역의 타당한 지식을 얻기 위한 필수적인 수단이다.

(2) 파악(apprehension) 또는 계발(illumination): 이는 연구자가 교시에 따라

소통의 철학

행하였을 경우 드러내는 세계 공간 속의 다양한 데이터 또는 대상물의 직접적인 파악을 의미한다. 그러나 이 단계는 아직 검증되지 않은 측면으로 불완전하거나 공인되지 않은 사적인 지식의 범주에 해당된다.

(3) 확증 또는 검증(conformation): 이는 파악된 앎에 대하여 실질적인 공유 또는 검증을 의미한다. 즉 주어진 교시를 적절히 수행하고, 해당 범주의 데이터(인식, 앎)를 찾아낸 경우 이를 다른 사람들에 의해서 검증 또는 인증 받는 것이다. 따라서 이를 통해서 지식은 공동체적 증명을 받아서 수용되거나, 그렇지 않은 경우 무시된다. 확증 단계는 포퍼가 제시한 허위가능성(falsifiability)을 배제하는 것의 의미와도 동일시되는데, 이를테면 독단적인 것, 검증 불가능한 것, 허위 가능성의 배제가 불가능한 것을 제외한다는 의미를 뜻한다(Wilber, 2003: 265).

이러한 기준에 따르면 앞서 언급한 세 가지 눈높이는 각각 타당한 지식의 양식을 갖추고 있고, 계발된 지식은 공적으로 공유하거나 공동체적인 증명이 가능하다. 이들은 이런 점에서 모두 진정한 지식에 포함된다. 특히 초월적 영역의 지식이 단순히 사적인 체험이 아님은 훈련된 눈에 의해 공인되거나 합의될 수 있기 때문이다. 관조적 지식이 일부 현자들에게만 통용되어 사적인 성격을 지닌다는 것은 공유의 문제를 제기하는 것이다. 이를테면 선불교는 교외별전(敎外別傳: 경전 이외의 특별한 전수방식), 불립문자(不立文字: 문자 또는 언어에 의존하지 않음), 견성성불(見性成佛: 자신의 본성을 깨달아 부처의 경지에 달함) 등을 교시하는데, 이는 관조 또는 영성의 눈 수준에 이른 경우에만 공적인 지식을 취할 수 있다. 이와 관련해 윌버는 "훈련된 관조의 눈은 육안이 바위의 존재를 증명할 수 있는 만큼 똑같은 확신과 똑같은 공적 성질을 갖고 신의 존재를 증명할 수 있다"(Wilber, 2004: 102)고 본다. 기하학적 지식은 보통 마음의 눈 수준에 이른 경우에 공인할 수 있는 이치와 같은 의미를 지니고 있다.

이상과 같은 과학적 요건을 기준으로 윌버가 제시하고 있는 지식세계는 다음과 같이 네 가지 영역으로 체계화된다. 분류기준은 우선 지식의 유형을 내면적 영역과 외면적 영역으로 구분한다. 전자는 인간의 의식이나 정신에 관한 해설적, 해석적 관점의 영역이고, 후자는 물질, 감각을 대상으로 한 경험적, 실증적 관점을 아우르고 있다. 또 다른 분류기준은 대상을 개체적 차원과 집합적 차원으로 구분하는 것이다. 전자는 주관적 영역으로 개체적 홀론을 연구 대상으로 분석하는 것이고, 후자는 간주관적 영역으로 공동체적 홀론을 대상으로 하는 연구 영역을 의미한다. 이를 기준으로 한 진리 유형은 내면적-개체적 요소가 결합된 주관적 영역(I), 외면적-개체적 요소의 합인 객관적 영역(II), 외면적-집합적 요소의 결합인 상호 객관적 영역(III), 그리고 내면적-집합적 요소가 결합된 상호 주관적 영역(IV)으로 대별된다(표 1 참조).

첫째, 의념적, 주관적 영역(I)은 의식, 주체성, 자아 표현 등 비환원적, 즉각적인 자각의 영역을 의미한다. 여기에 해당하는 학문은 예술, 미학, 심리학, 심층과학, 정신현상학 등이 속한다. 연구 대상을 일인칭 관점에서 주관적으로 설명한다는 점이 특징이다. 융, 프로이트, 피아제, 부처 등이 대표적인 사상가로 꼽힌다.

둘째, 행동적, 객관적 영역(II)은 물리학, 생물학, 신경학 등에 기초한 개체적 경험주의, 행동주의 등이 여기에 해당된다. 주로 과학, 기술, 자연현상, 두뇌 등 객관적인 외적 세계에 대한 삼인칭적 설명 위주로 이루어진다는 점이 특징적이다. 최근 주목을 받는 나노과학, 뇌과학, 미생물학 등 최첨단 과학 분야가 모두 이 영역에 해당된다.

	내면적	외면적
개체적	〈영역 I〉 ◇ 의념적/주관적 영역	〈영역 II〉 ◇ 행동적/객관적 영역
집합적 상호성	〈영역 III〉 ◇ 상호 주관적/문화적 영역	〈영역 IV〉 ◇ 상호 객관적/사회적 영역

셋째, 상호 주관적, 문화적 영역(III)은 윤리 도덕 세계관, 문화 등 상호 주관적 의미나 상호 이해를 추구하는 지식이 여기에 속한다. 해석학, 문화연구 등이 해당 학문이고, 쿤, 딜타이, 가다머 등의 학자가 대표적인 인물에 속한다. 이 분야의 학문은 적절성, 공정성 등 인식대상에 대한 참여관측자 관점에서 이인칭적 설명을 지향하는 점이 특징적이다.

넷째, 상호 객관적, 사회적 영역(IV)은 외적 세계를 대상으로 하는 점에서는 II 영역과 동일하나, 개체들의 집합체, 즉 사회체계를 대상으로 하는 점이 다르다. 생태학, 시스템학, 사회학 등 상호 객관적 관점에서 접근하는 방식이 특징적이고, 파슨스, 마르크스, 콩트 등이 이 영역을 대표하는 학자에 속한다 (Wilber, 2003: 128~130).

상기한 각 지식 영역의 가치에 대한 타당성의 기준도 각각 다르게 인식된다. 구체적으로 영역 I은 진실성, 진지성, 성실성, 믿음성 등 주관적 상태가 척도이고, 영역 II는 진리, 대응성, 표상성, 명제성 등 객관적 행동이 진리판단을 좌우한다. 이에 비해 영역 III은 정당성, 문화적 적응, 상호 이해, 정의 등 상호 주관적 구조가 진리기준이 되며, 영역 IV는 기능적 적응, 생명의 그물, 시스템 이론, 구조적 기능주의, 사회시스템 등 상호 객관적 체계가 척도로 작용한다 (Wilber, 2004a: 568 참조). 이처럼 각 상한 또는 영역은 고유한 진리를 내포하기 때문에 서로 환원될 수 없다. 대신 이들의 통합에 의해서만 온우주적 진리를 인식할 수 있다는 것이 윌버의 관점이다.

6. 윌버 소통사상의 함의

이상에서 서술한 바와 같이 윌버의 지식소통에 관한 사상은 근대학문 중 어느 하나의 분과에 한정되거나 치우치는 것이 아니라, 과학, 철학, 심리학, 종교학, 신비주의 등 전 영역을 아우르면서 전개되고 있다. 아울러 특정 시대에 한정되지 않는 역사적 균형성과, 서양과 동양의 사상을 모두 포용하는 차원에서 접근하는 통합적 관점을 지니고 있다. 따라서 그의 사상에 대한 접근은 각 학문이 지향하는 관점에 따라 다양한 차원에서 이루어질 수 있다.

이상과 같이 이 글에서는 소통 또는 커뮤니케이션 관점에 맞추어 그의 사상을 조명하였다. 우선 윌버는 어느 특정 관점에 의존하는 학문의 소통성을 부정하고 통합적 소통방식을 제시한다는 점을 높이 평가할 수 있다. 이는 특히 근대 서구의 학문적 조류에 대한 비판과 직결된다. 즉 전통적인 경험과학은 물질적 감각에 기초한 육안의 관점에 상응하는 대상 영역에만 의존함으로써 외면적 학문 분야만을 수용한다. 자연과학적, 실증과학적 방법론에 의한 인문사회과학 영역의 지배가 강화되는 것도 이러한 흐름의 귀결이다. 또

소통의 철학

최근 활발하게 논의되고 있는 월슨의 통섭(consilience) 개념은 생물학적 진화론의 관점에서 정신과학 영역의 지배논리를 제시하고 있는 사례에 해당된다(Wilson, 2005 참조).

이에 반해 윌버는 물질 감각적 영역뿐 아니라 이성적, 영성적 영역까지 포함한 관점을 아우르는 심층과학, 즉 정신적이고 내면적 학문 영역까지 포함한 통합적 지식관을 제시한다. 이를 통합적 소통관이라고 할 수 있다.

통합적 지식소통의 관점은 크게 세 가지 차원으로 대별할 수 있다. 즉 근대과학이나 생물학적 진화론 등으로 대변되는 경험과학적 관점, 해석학, 현상학, 포스트모던 등의 이성과학적 관점, 그리고 종교적, 신비적 사상 등의 초월명상 과학적 관점 등이다. 윌버는 이들이 각각 유의미한 상대적 진리를 제시하고 있다는 점을 인식하고, 이를 부정하기보다는 포용하고 초월하는 소통관을 제시하고 있다. 이들 다원적 과학의 영역은 존재의 수준에 따라 고유한 진리관을 지닌다. 따라서 어느 특정과학 관점에 의한 환원주의는 불가능하다고 보는데, 생물학적 통섭론이 지닌 문제점도 이와 관련된 것이다.

이와 같이 윌버의 사상은 과학의 개념을 기존의 경험과학에 한정된 협의적 차원에 한정시키지 않는다. 오히려 문화, 예술, 종교까지 포함하는 광의적 차원의 정신과학까지 확장하여 포함시키고 있다. '교시-계발-검증'이라는 세 가지 기본요건을 충족시키는 지식 영역을 모두 과학으로 수용하는 관점을 따르고 있다. 이런 점에서 윌버의 통합적 학문관은 전근대적인, 즉 전분화(前分化) 된 학문의 성격과는 근본적으로 다르다.

윌버 사상이 제시하고 있는 또 다른 중요한 함의는 의식 차원의 소통관을 제시한다는 점이다. 즉 의식 스펙트럼을 기준으로 한 지식소통 질서를 제시하고 있다. 이에 따라 존재나 의식 및 학문은 상위 차원이 하위 차원을 포월하는 관계를 이루는 것으로 인식하여 물질이나 감각경험 중심의 관점을 극복하고 있다. 부연하면 영성적 영역이 이성적(마음) 영역을 포함하고 초월하며, 이성적 영역은 다시 물질 감각적 영역을 포월한다. 그리고 학문 영역도 이에 상응하여 종교 및 신비주의가 심리학이나 철학을 포함하지만 이를 초월하는 관계이고, 심리학, 철학 역시 물리학을 포함하나 초월하는 수준에 위치한다고 본다.

나아가 윌버는 존재와 의식의 통일적 시각을 제시한다는 점을 또 다른 가치로 꼽을 수 있다. 이는 종전의 존재와 의식, 유물론과 관념론 등 이원론적 시각을 부정하는 것이 아니라, 이들을 포함하고 초월하는 포월의 관점을 견지한다고 평가할 수 있다. 이에 따라 특정 관점을 견지하기보다는 다원적 인식의 관점을 수용하고 체득하는 것을 통합적 학문소통의 조건으로 보고 있다. 따라서 앞서 서술한 감각의 눈, 이성의 눈, 영성의 눈 중 어느 하나에 고정된 시각이 아니라 세 관점을 모두 아우르는 통합적 관점을 수용해야 물질단계부터 초의식 영역 전반에 걸친 학문에 대한 소통능력을 갖게 된다.

그러나 윌버의 학문 소통사상은 일정한 한계점을 내포하고 있다는 점도 지적되어야 한다. 무엇보다도 다원적 학문 영역 중 상위 과학에 대한 인식의 보편성 문제를 들 수 있다. 즉 영성적 시각 또는 초이성적, 초월적 영역에 대한 과학적 인식은 일반화하여 받아들이기 어려운 문제에 봉착될 가능성이 다분하다. 해당 영역은 이성적이고 이론적인 차원의 인식 문제가 아니라, 초월적, 이성적 실재에 대한 실행 및 체험 차원의 문제이기 때문이다. 이러한 비판은 특히 엄밀한 실증주의적, 자연과학적 시각에서 제기될 수 있다.

끝으로 윌버 사상에 따를 경우, 학문 영역에서의 소통을 말할 때 '통섭(統攝)'이라는 개념의 적용은 타당하지 않다고 할 수 있다. 다스려 지배한다는 개념의 통섭은 어느 특정 개별학문이 전 학문 영역을 포괄하여 지배한다는 의미를 지니기 때문이다. 따라서 통섭 대신 '통합', '융합' 등 적합한 개념으로 대체하는 것이 적절하다고 본다.

참고문헌

김진웅, 2020.《메타커뮤니케이션》, 커뮤니케이션북스.

김진웅, 2022.《사이언스커뮤니케이션》, 이담북스.

김철수, 1999.〈영원한 지혜와 첨단 과학지식 간의 만남: 새로운 학문방향의 모색〉,《사회
과학논총》, 제18집 1호, 계명대학교.

박승억, 2007.〈통섭(Consilience) -포기할 수 없는 환원주의자의 꿈-〉,《철학과 현상학 연구》.

Wilber, 조효남(역), 2003.《감각과 영혼의 만남》, 범양사.

Wilber, 김철수(역), 2004.《아이투아이. 감각의 눈·이성의 눈·관조의 눈》, 대원출판.

Wilber, 조효남(역), 2004a.《모든 것의 역사》, 대원출판.

Wilson, 최재천(역), 2005.《통섭: 지식의 대통합》, 사이언스북스.

조효남, 1998. 윌버의 통합적 진리관,《과학사상》, 겨울호.

조효남, 2007.〈상보적 통합적 생명 인식〉,《한국정신과학회지》, 제11권 제2호, 통권 제22호.

최재천·주일우, 2007.《지식의 통섭. 학문의 경계를 넘다》, 이음.

생명·생태 소통사상

1. 왜 생태소통인가

사회과학으로서 커뮤니케이션학은 사회적 커뮤니케이션 현상을 대상으로 하는 지식적 체계라는 측면에서 일정한 의미를 지니고 있다. 특히 매스미디어는 현대와 같이 다원적이고 복잡한 사회구조에서 사회구성원을 이어주는 커뮤니케이션의 그물로 중요한 위치를 점하여 커뮤니케이션학의 핵심적 위치를 차지하고 있다. 하지만 커뮤니케이션 영역이 인간사회를 넘어선 자연현상으로 확장될 경우, 현재의 커뮤니케이션학은 이와 무관한 영역처럼 인식되고 아무런 역할을 하지 못하는 현실을 부인하기 어렵다. 즉 전통적 커뮤니케이션학은 인간 사이의 의사소통 현상만을 대상으로 하는 데 그치고 있다. 의식 차원의 정보전달만이 소통으로 간주될 뿐, 인간을 제외한 사물 사이의 소통, 상호작용은 도외시되어 왔다. 의식과 물질을 구분하여 오직 의식 차원에서의 상호작용만이 소통으로 간주되는 것이다. 그것도 제한된 영역 내의 소통현상에만 치우쳐 있다.

이와 관련 넓은 의미의 커뮤니케이션 관점에서 볼 때 최근의 소통 환경적 변화 추이는 두 가지 측면을 포괄하는 현상을 보여주고 있다. 먼저 커뮤니케이션학 영역에서의 흐름은 커뮤니케이션 미디어의 급속한 팽창 및 거듭된 진화를 들 수 있다. 이는 주로 새로운 미디어테크놀로지 발달을 토대로 한 '매개적 인간커뮤니케이션'의 확장을 의미한다. 기존의 전통적 매스미디어 영역의 확장뿐 아니라 인터넷, 영상 및 통신매체가 인간사회의 커뮤니케이션 가능성을 시간적, 공간적으로 크게 증폭시키고 있는 것이다. 바야흐로 미디어 르네상스 시대라고 할 수 있다. 이러한 다양한 미디어는 인간의 커뮤니케이션을 매개하는 수단에 머무르지 않고, 오히려 인간의 생활 자체를 지배하는 상황에까지 이르렀다. 주객이 전도된 듯한 현실이 다가온 것이다. 동시에 인간과 사물 사이의 상호작용, 또는 사물 간의 소통까지 확장되는 현실은 인간커뮤니케이션 범주를 넘어서고 있다.

다른 한편으로 인간사회를 둘러싼 환경 위기적 현상, 즉 기후변화, 대기오염, 유전자 조작, 광우병에 이르기까지 다양한 환경 커뮤니케이션 문제들이 (개인적 차원, 사회적 차원 및 전 세계적 차원에서) 더 이상 간과할 수 없는 극한 상황에 이르렀다는 위기의식이 고조되고 있다. 이미 오래전부터 기후변화나 지질학적 사건으로 지구상의 생물종이 유례없는 대멸종(mass extinction)의 위기 상황에 놓여 있음이 전해졌다. 예를 들어 세계야생동물기금은 1970년부터 2000년 사이 생물종의 급격한 멸종 현상을 보고한 바 있다. 구체적으로 육상 포유류, 조류, 파충류는 15%, 해상 동식물은 35% 내지 54%나 감소하였다. 이는 동식물의 자연적인 멸종 속도보다 무려 1,000배 내지 1만 배 정도 빠른 것이라고 한다. 게다가 생물종의 급격한 멸종 속도는 몇 가지 중요한 특징을 보여주고 있다는 점에서 더욱 우려스럽다. 즉 현재의 대멸종은 인간이 야기하는 인위적 성격을 띠고 있다는 점, 불과 수십 년이라는 짧은 기간에 걸쳐 빠르게 진행되어 자연생태계의 평형을 유지하기 힘들다는 점, 그리고 생물다양성 회복의 중심지 역할을 하는 열대림, 습지 등이 파괴되어 생태계는 생명부양

능력을 크게 상실했다는 점을 들 수 있다(김익수, 2002: 58).

이런 결과로 타 생명체는 물론 인간사회의 생존을 위협하는 현상들을 초래하게 되었다. 지구온난화로 인한 기상이변, 각종 재난, 환경오염 문제 등은 좀 더 구체적인 생명 위협의 징후에 속한다. 그러나 이러한 문제들은 전통적 휴먼 커뮤니케이션 패러다임에서는 다룰 수 없는 영역에 속한다. 반면 인간과 자연을 포괄하는 거시적 커뮤니케이션 관점에서 볼 때, 이러한 문제는 더 이상 간과할 수 없는 중요한 현상에 속한다. 즉 인간과 환경 간의 상호작용 내지 커뮤니케이션에 대한 새로운 패러다임 또는 인식의 전환이 시급하다. 구체적으로 인간커뮤니케이션의 외피적 확장 혹은 인간과 자연을 아우르는 거시적, 전일적 커뮤니케이션에 대한 지대한 관심이 요구된다.

이러한 현상들은 무엇보다 우리로 하여금 새로운 인식을 요구한다. 즉 인간과 사물, 인간과 자연, 사물과 사물을 포괄하는 통합적 소통인식론이 시급하다. 이에 적합한 사유는 자연스럽게 생태학적 상상력을 요구한다. 인간 생태계 차원의 당면문제는 근대 기술문명과 긴밀하게 연관되어 있다. 지금의 생태환경 문제는 근대 서구문명에서 비롯된 것이기 때문이다. 몰트만(Moltmann) 은 인간을 둘러싼 환경을 타 생물체와 관계된 '원초적 환경'과 인위적 기술의 영역을 의미하는 '부차적 환경'으로 구분하였다. 이 중 서구 근대문명이란 기술에 의한 부차적 환경이 생명체로 구성된 원초적 환경을 대체하는 것으로 파악하였다. 몰트만은 이로 인해 인간의 육체적 본성 및 감성이 배제되는 현상이 유발된다고 비판하였다(Moltmann, 2004: 45). 인간은 원초적 또는 일차적 환경과의 육체적, 감성적 소통능력이 도태되었다고 할 수 있다.

매스미디어를 중심으로 한 최근의 인간커뮤니케이션의 흐름도 원초적 환경과의 직접적인 상호 교류 내지 소통이 단절된 현상을 상징한다. 대신 기술을 매개로 하는 부차적 소통환경의 확장이 거듭되고 있다. 이를 통하여 삶의 일차적 경험들을 대체하도록 하는 기능에 집중되고 있는 것이다. 이런 현상은 인간 본연의 삶을 왜곡시키는 결과를 초래할 뿐 아니라, 인간을 포함한 전 생태계 차원의 질서를 깨트리는 결과를 야기시킨다. 점점 심각해지는 환경위기는 그 대표적인 사례라고 할 수 있다. 따라서 생태계 및 인류사회의 위기를 극복하기 위해서 원초적 환경과의 본원적 소통관계를 회복하는 것이 무엇보다도 중요하다.

이미 '지속가능한 사회', '녹색성장' 등의 개념이 일상화된 현실 또는 전 세계적으로 수많은 환경관련 기구 및 단체의 다양한 활동은 생태문제의 심각성을 반증하는 것이라고 할 수 있다. 또한 커뮤니케이션학 분야에서 다루어지고 있는 '미디어생태학', '위기관리 커뮤니케이션', '환경커뮤니케이션', '위험커뮤니케이션' 등 메타적 커뮤니케이션 차원에서의 논의들이 활발하게 이루어지는 것은 이러한 시대적 요청에 따른 학문적 반항이라고 볼 수 있다(Casey Man Kong Lum, 2008; 원용진, 2003; 김성재, 1996; 페터 페터스 · 송해룡, 2001).

이들을 통해서 기존의 인간 중심의 커뮤니케이션 현상은 점차 타 생명체, 환경, 자연 등과의 커뮤니케이션에 관한 담론으로 확장되고 있다. 나아가 자연스럽게 인간커뮤니케이션 패러다임을 넘는 대안을 숙고하게 만든다. 인간커뮤니케이션은 오직 인간 개체를 구심으로 하는 소통현상을 뜻한다. 이 차원에서 바라볼 때 다른 동물이나 식물의 존재는 인간을 위한 도구적 수단에 불과할 뿐이다. 그리고 이러한 패러다임을 지속한 결과가 전 지구적 위기 내지는 생태적 위기를 초래하는 것이다. 따라서 인간커뮤니케이션 패러다임으로는 생태적 위기를 극복할 수 없다. 대신 이를 극복하기 위해서는 모든 생명체를 아우르는 관계적이자 전일적 커뮤니케이션 패러다임으로의 인식 전환이 요구된다.

이 글은 새로운 커뮤니케이션 패러다임에 대한 시대적 요청에 부응하여 인간 중심의 커뮤니케이션을 넘어 생태계 영역까지 포괄하는 거시적 커뮤니케이션에 관한 논의의 모색이다. 즉 의사소통을 넘어서 이루어지는 '메타소통 패러다임'에 관한 분석을 시도하려고 한다. 구체적으로 이 연구의 주제는 '생태커뮤니케이션(Ecocommunication 또는 Ecological Communication)'이라고 부르는 것이 적합하다고 생각한다. 생태커뮤니케이션은 인간뿐 아니라 동식물 및 무생물을 아우르는 제반 환경을 포함한 생태계 차원에서 이루어지는 커뮤니케이션 현상을 포괄한다. 따라서 기존의 휴먼커뮤니케이션 영역보다 거시적이고 새로운 범주에 해당되는 것이다. 본 연구에서는 생태커뮤니케이션에 관한 시론을 모색하고 이를 통해 인식 지평을 높이는 논의에 집중하려고 한다.

이 연구에서 제시할 내용은 크게 세 가지로 구분할 수 있다. 첫째, 생태커뮤니케이션을 구성하는 핵심적 요소에 대해 살펴보려고 한다. 구체적으로 생명, 생태계 그리고 커뮤니케이션 세 가지를 꼽을 수 있다. 생명은 생태커뮤니케이션의 기본단위이고, 이들로 구성된 생명체 세계가 생태계이며, 이들이 서로 어우러져 상호작용 하는 현상을 커뮤니케이션이라고 할 수 있다. 둘째, 생태적 커뮤니케이션은 어떠한 인식론적 토대를 기반으로 전개되는가에 관해서 살펴본다. 여기서는 근대 과학문명에 기반한 기계론적이자 이원론적 패러다임을 극복한 일원론적이자 전일적 관점에 대한 사상들을 살펴보고, 나아가 생태커뮤니케이션의 원리적 특성에 대해 고찰하려고 한다. 이를 통해 전통적 커뮤니케이션 패러다임의 전환에 대한 대안적 가능성을 모색하려고 한다. 셋째, 생태학적 생명소통을 어떻게 체계화시킬 수 있는가를 탐구하려 한다. 이는 전일론적 통합적 생명관점을 제시하는 '온생명 사상' 사례를 중심으로 살펴보려고 한다. 온생명 사상은 자연과 우주에서의 인간 중심의 생명관을 극복하고 타 생명체와 공생 공존하는 소통관계를 정립하는 데 기여할 것으로 기대되기 때문이다.

2. 생명, 생태계 그리고 커뮤니케이션

　전통적 커뮤니케이션학의 연구가 인간을 주체 혹은 대상으로 위치 지우는 것에 비해서, 생태적 차원에서의 커뮤니케이션은 인간은 물론 자연생태계까지 확장된 영역을 연구 대상으로 한다. 따라서 생태커뮤니케이션에서 핵심적 구성 요소는 인간을 포함한 거시적 차원에서의 생명과 생태계 그리고 커뮤니케이션(소통)으로 대별할 수 있다. 이들 세 가지 요소에 대해 좀 더 부연하면 다음과 같다.

　먼저 생명에 대한 논의는 인간생명은 물론, 동식물 등 타 생명체를 아우르는 광의의 관점에서 접근이 요구된다. 좀 더 구체적으로 말해서 생태계 차원에서는 무엇보다도 개체생명 단위의 존재론적 관점보다 다수의 생명체를 아우르는 관계론적 관점에서의 생명 이해가 요구된다. 이러한 총체적 관점에서 생명 개념은 가장 간단한 세포단위의 생명체부터 시작하여 개체생명 단위, 나아가 전 생명체 단위까지 연결되는 것으로 인식할 수 있다. 또한 생명체가 갖고 있는 물질과 의식을 분리하지 않을 경우, 어떤 한 대상의 존재 양상이 생명이고, 그 대상을 구성하는 소재가 물질이 되는 것이다. 이는 어떤 특정 대상은 생명체이고, 다른 대상은 물질로 구분하는 이분법적 관점을 넘어서는 것이다. 즉 한 대상이 갖고 있는 상이한 현상을 생명이자 동시에 물질로 보는 일원론적 시각을 뜻한다(장회익·최종덕, 2008: 165~166).

　일원론적 생명관은 물질이 물리적 성질을 지니는 측면과 동시에, 물질로는 환원이 불가능한 의식이나 주체로 파악할 수 있는 양면성을 지니고 있다는 인식을 배경으로 한다. 그리고 생명의 속성인 의식이나 주체는 물질이 고도로 정교해지고 복잡해지면서 나타난 현상으로 인식된다. 따라서 생명은 하나의 독립된 개체나 실체라기보다는 이를 구성하는 요소나 실체들 사이의 조화, 협동 등 관계의 산물이다. 즉 생명현상은 개체론적이고 존재론적 속성보다는, 총체적이고 관계론적 성격을 내포하고 있다. 이 점에서 생명체는 상호 작용적 커뮤니케이션 속성을 배태하고 있다. 생명에 대한 이러한 관계론적 이해는 세포에서부터 개체생명, 나아가 이들로 구성된 생태계, 그리고 아예 지구를 하나의 상호작용 하는 거대한 생명체로 보는 가이아(Gaia) 이론까지 이어지고 있다. 러브록(Lovelock)의 가이아 사상은 지구상의 생물들과 무생물(대기, 대양, 지표면 등)은 서로 상호작용 관계를 형성하면서 지구를 하나의 살아 있는 생물처럼 인식한다는 가설 또는 이론이다. 즉 살아 있는 지구(Living Earth)를 가이아 개념으로 제시하였다. 지구는 스스로 물리적, 화학적 환경을 조성할 수 있는 생물권임을 의미한다. 지구상의 모든 생물들과 환경은 능동적으로 작용하여 생물권(Biosphere)을 생존에 적합하게 변화시킨다는 것이다. 본래 가이아(Gaia) 개념은 그리스 시대에 대지의 여신을 뜻하는 것이었는데, 러브록은 지구를 상징하는 개념으로 사용하였다. 가이아이론은 자연을 오직 정복의 대상으로 인식해 온 근대과학 논리에 경종을 울리면서 1970년대 이후 전개된 신과학운동에 기여하였다. 그러나 리처드 도킨스(Richard Dawkins) 등 생물학자들은 가이아이론을 인간 중심적 사유이자 목적론적 관념의 산물이라고 비판하기도 하였다(Lovelock, 2001 참조).

한편 관계론적 생명 관점에서 장회익은 생명의 연관적 특성을 강조하여 '온생명'이라는 개념을 제시한 바 있다. 온생명은 자족적 존재 단위로서의 생명 개념이다. 이런 관점에서 인간, 나무, 사자 등 개체 생명은 불완전한 '낱생명'으로 인식될 뿐이다. 그리고 이들의 외적 조건 혹은 환경에 해당되는 타 생명체들은 '보생명'으로 불린다. 흔히 생각하듯이 '낱생명'은 온전한 생명체라고 할 수 없고, '보생명'과 함께 이루어지는 전일적 차원에서만 생명이 영위된다. 따라서 온생명론은 지구상의 모든 생명체는 태양의 존재를 전제로 상호 긴밀하게 관계를 맺는 과정 속에서 생존을 영위하는 사실을 제시하고 있다(장희익, 2001). 온생명 사상에 의거할 경우, 인간을 비롯한 개체생명은 완전히 독립된 생명이 아니고 다른 보생명(환경 등)과의 상호 의존적 관계 속에서만 자족적인 생명체가 된다. 개체생명의 존재는 근원적으로 타 생명체와의 커뮤니케이션이 전제되어 영위되고 있다는 것이다.

한편 생태계는 이러한 생명체들의 집합적 관계로 구성된 것이고, 생태학은 이를 다루는 분과학문으로 자리매김되어 왔다. 보통 생태계의 의미는 "생물군집과 그것들을 둘러싸고 있는 비생물적 환경을 포함하는 계"(이도원·유신재, 1993: 101~102)라고 정의한다. 여기서 생태계는 인간뿐 아니라 동물, 식물, 미생물을 포괄하는 생명공동체를 가리킨다. 그리고 생태학(ecology)은 인간뿐 아니라 동물, 식물, 미생물 등이 어떻게 상호작용 하는가를 연구한다. 생태학은 집·가계·관리를 의미하는 그리스어 오이코스(oikos)에서 유래되었다. 오덤은 생태학을 '지구의 생명부양계에 관한 학문'으로 규정하고 있다(Odum, 1997: 39~40). 즉 생태학은 인간과 자연의 상호관계에 관한 총체적 분석을 추구하는 특성을 지니고 있다. 여기서 자연은 보통 이분법적으로 생각하듯이 인간에 대비된 대상체를 의미하는 것이 아니다. 오히려 이른바 '전체이자 만물이 내재된 하나', 혹은 '만물의 살아 있는 질서'를 뜻한다. 즉 자연 공생계는 인간을 포함한 만물 전체가 속하는 공유 영역을 지칭한다(Meyer-Abich, 2002: 65~66).

이와 같이 생태계는 본질상 다양한 생명체들 간의 연결망 속성을 내포하고 있다. 그리고 이를 다루는 학문 영역인 생태학에서 파생된 생태적 또는 생태학적(ecological)이라는 개념 속에는 두 개체 이상 사이의 상호작용, 관계 등의 개념과 같이 커뮤니케이션을 뜻하는 의미도 포함되어 있다. 생태계 차원에서의 커뮤니케이션 현상은 자연스럽게 상호작용, 관계, 연결망을 뜻하는 것이다. 그리고 생태학은 "생물이 다른 생물 또는 생명이 아닌 환경과 어떻게 상호 작용 하는지를 밝히는 학문 영역"(이도원, 2002: 59), 또는 "지구라는 가족의 모든 구성원들을 서로 연결 지우는 관계에 대해 연구하는 학문"(Capra, 2001: 53)이라고 정의한다. 생태학이 곧 커뮤니케이션이라고 할 수 있다. 같은 맥락에서 마투라나(Maturana)는 커뮤니케이션을 정보의 전달이 아니라 생물들 사이의 행동의 상호 조정(Capra, 2001: 376)으로 지칭하는가 하면, 카프라(Capra)는 생태계의 작동기제 자체를 커뮤니케이션이라고 규정하고 있기도 하다(Capra, 2001: 55 참조). 이처럼 생태커뮤니케이션 영역에서는 생태학과 커뮤니케이션학이 하나로 밀접하게 이어지는 지점을 형성하고 있다. 그럼에도 최근까지 두 분야는 서로 상이한 영역으로 분리되어 존재해 왔다. 파편화되고 분리된 학문 세계를 보여주는 사례이다. 이런 학문의 관점은 하나의 세계를 여러 조각으로 나누어지고 분리된 것으로 오도할 수 있다.

지금까지 생태 영역의 커뮤니케이션적 속성은 무엇보다도 생물학과 물리학적 연구성과들이 통합되어 과학적으로 밝혀져 왔다. 물질의 위계조직상 소립자에서 우주까지 이르는 일련의 광범위한 영역 중에서 생태계는 개체생명, 개체군, 군집, 생태계, 경관, 광역, 지구까지 아우르는 범위를 뜻한다(이도원, 2002: 61). 생태계에서 하나의 개체생명이 형성되기 위한 최소단위는 소립자이다. 즉 소립자는 원자, 세포, 조직, 기관(계) 등 일련의 위계조직 과정을 거쳐 하나의 생명을 형성하는 가장 작은 단위인 것이다. 그런데 소립자 수준에서 물질은 독립적인 실체로 존재하는 것이 아니라, 이를 구성하는 요소 간의 가변적이고 유동적인 상호작용 관계만이 형성된다는 사실이 과학적으로 입증되었다(Fritzsch, 1991; 김용호, 1991). 이처럼 입자수준에서부터 유기체 그리고 이들 집단으로 구성되는 생태계에 이르기까지 만물은 독립된 개체가 아니라, 상호 연결되어 있는 커뮤니케이션 속성을 기반으로 존립하고 있다. 이러한 생태계에서의 커뮤니케이션은 인간과 인간(개인 혹은 사회 차원) 사이의 상호작용뿐 아니라, 인간과 환경 혹은 인간과 자연 간에 이루어지는 관계, 상호작용 혹은 연결망을 포괄한다고 할 수 있다.

3. 생태적 커뮤니케이션 인식론

1) 전일론적 패러다임

광의적 차원에서 볼 때 커뮤니케이션의 개념은 정보의 전달뿐 아니라 에너지, 물질의 교류를 포함하고 있다. 이 경우 커뮤니케이션의 주체는 인간을 비롯하여 다른 생명체, 나아가 무생물까지 포함되는 범주라고 할 수 있다. 이에 비해 인간사회를 대상으로 하는 휴먼커뮤니케이션의 전통은 언어 및 정보를 매개로 한 의식 차원의 커뮤니케이션, 즉 '의사(意思)소통적 커뮤니케이션'으로 고착화된 경향이 강하다. 예를 들어 윤석민은 커뮤니케이션을 물리적인 상호작용(physical interaction)과 의사소통적 상호작용(communicative interaction)으로 구분하고, 인간커뮤니케이션을 의사소통적 상호작용의 범주로 제시하고 있다(윤석민, 2007: 6~12). 특히 송신자-수신자를 기본 요소로 하는 현대사회의 이원론적 커뮤니케이션 패러다임은 근대과학적 인식방법을 기반으로 형성되었다. 근대과학적 기계론은 생물을 포함한 우주 전체는 하나의 기계로서 각 현상들을 작은 조각(부분)으로 나누어 그 부분들의 특성을 통해 전체를 이해할 수 있다는 입장을 취하고 있다. 기계의 속성은 각 부분이 '서로를 위해서' 기능적인 전체 속에서 존재하는 것으로 인식된다. 이러한 시각은 고전물리학에서부터 출발하는 인식방법으로 보통 역학적 세계관, 기계론적 세계관 또는 환원주의적 세계관으로 불린다.

그러나 이러한 세계관은 최근의 과학적 발견을 기반으로 한 이론적 접근이나 동양적 사유 관점에서는 오래전부터 비판의 대상이 되어 왔다. 생태 영역의 커뮤니케이션 패러다임도 비환원론적 인식에 기반하고 있다. 대표적인 이론적 토대는 다음과 같이 몇 가지를 들 수 있다.

먼저 유기체설(organicism)은 생명체를 기계적 결합이 아니라 각 부분이 유기적으로 연결되어 작동하는 것으로 인식한다. 따라서 생물체는 각 부분이 '서로에 의해서' 존재하고 이에 의해 전체는 자기생산적이고 자기조직적인 특성을 지니는 것으로 본다(Capra, 2001: 36~40). 유기체 이론은 모든 것은 유기적으로 연결되어 있다는 전일론적 관점을 전제로 한다. 개체 자체보다 그것의 생성과정을 중시하는 시각이다. 이와 같은 맥락에서 화이트헤드로 대변되는 과정이론에서도 '존재는 생성에 의해 구성된다'는 명제를 제시하고 있다.

한편 버틀란피(Bertalanffy)의 일반체계이론(general system theory)에서 출발한 시스템적 사고 역시 생태커뮤니케이션 사상의 근간이 되고 있다. 시스템적 사고는 몇 가지 특성을 내포하고 있다. 즉 부분에서 전체로의 전환, 특정한 수준에서만 나타나는 창발적 특성, 부분 특성으로 전체를 파악하는 것은 불가능하다는 맥락적 사고, 그리고 상호 연계적 사고 등의 속성을 지니고 있다. 이러한 특성들은 생태계 차원의 커뮤니케이션 패러다임의 중요한 인식적 토대가 되고 있다(Bertalanffy, 1990). 특히 "시스템적 접근방식에서 부분의 특성들은 전체의 조직이라는 측면에서만 이해될 수 있다. 따라서 시스템적 사고는 기본적인 구성재료에 초점을 맞추는 것이 아니라, 통일적인 조직원리에 강조점을 둔다"(Capra, 2001: 49). 이는 양자역학적 시각과 깊은 연관성을 갖는다. 양자역학은 물질이 입자수준에서는 각각 개별적 실체로 존재하는 것이 아니라, 이들 사이의 상호관계만이 성립된다는 사실을 제시하고 있다. 이를 통해 만물은 상호 유기적으로 연결되어 작용하고 있음을 제시하고 있다.

상기한 유기체설이나 시스템적 사고에 입각한 생태학적 인식론은 이미 오래전부터 동양철학이나 불교사상에 배태되어 있던 관점이기도 하다. 먼저 생태적 커뮤니케이션 인식론은 동양에서는 인간과 자연의 합일을 지향하는 전일적이자 통일적 사상, 즉 자연의 이해를 통해 인간의 당위를 추구하는 전통이 뿌리내려져 왔다(장회익, 1991). 학문적 전통에서도 서양이 인간과 사회에 관한 정신과학(인문·사회과학)과 자연현상에 관한 자연과학으로 분리·발전시켜 온 데 비해서, 동양에서는 인간과 자연현상을 통합적으로 다루는 '대생(對生)학문'의 전통을 견지해 왔다고 평가할 수 있다. 이는 이른바 '만물은 하나다'라는 전일적 인식을 기반으로 한다. 이러한 동양의 사유전통은 모든 사물을 상호 의존적이고 분리될 수 없는 것으로 인식하며, 궁극적 실재 혹은 근본적인 일자(oneness)의 일시적 양태에 불과한 것으로 본다(고영섭, 2001; Capra, 1994: 203).

같은 맥락에서 불교사상 역시 모든 것은 상호 연관과 상호 의존적으로 연결되어 있다는 인드라망 사고 또는 연기론을 제시하고 있다. 인드라망은 각각의 그물코마다 보석이 달려 있는 무한히 큰 그물을 의미한다. 각각의 보석은 서로의 빛을 받아 상호 비추어 더불어 존재한다는 화엄의 세계를 상징한다(양형진, 2003: 190). 이처럼 불교는 고정되고 분리된 사물의 실체가 존재한다고 보는 존재론보다는 사물 간의 관계와 작용이 가변적이고 상대적인 존재를 생성 또는 소멸케 한다는 관계론적 시각을 제시한다. 특히 연기론에서는 상호 의존적인 관계의 작용에너지로서 카르마(業)가 핵심적 개념으로 자리 잡고 있다(김용호, 1992: 39).

상기한 동양사상적 인식방법은 서구의 근대과학적 방법에 비해 객관적이고 실증적인 인식체계의 형식을 갖추고 있지 못하다는 점에서 차이를 보인다.

대체로 사물을 대상화하여 분석하기보다는 통합된 전체로서 조명하는 시각을 견지한다. 그러나 이들 인식 관점은 무엇보다도 근대과학이 준거하고 있는 환원주의적 원리의 한계를 극복하고 있다는 공통점을 지니고 있다. 즉 서구 근대 과학문명의 기계론적, 이원론적 관점을 넘어서, 일원론적 혹은 총체론적 관점을 견지하고 있다는 특성을 보여주고 있다. 근대과학은 육안으로 확인할 수 있는 대상이나 외면적 객체를 대상으로 하여 경험적, 분석적 방법으로 인식하는 관점을 취한다. 따라서 정신, 의식, 마음과 같은 비실체적 대상도 감각적 지각이 가능한 상태로 전환하여 환원주의적으로 접근한다.

이러한 인식 기반을 토대로 살펴보면 다양한 생명체들이 공생하고 있는 생태계의 구조는 총체론적 인식에 상응하는 몇 가지 기본원리가 중요하게 작동되고 있음을 알 수 있다. 첫째, 모든 것은 서로 연결되어 상호 의존성을 지니고 있다. 인간을 포함한 모든 생물은 물질과 에너지와 생명으로 연결되어 있다. 따라서 어느 개체, 종, 사회도 독립적으로 존재하는 것은 없다(Simonnet, 1984: 16). 대신 이들은 거대하고 복잡한 상호 연결망 관계를 형성하면서 존립한다. 개별 생물과 생물 사이의 관계뿐 아니라, 개별 생물과 전체와의 관계가 상호 의존적인 성격을 지니고 있는 것이다.

둘째, 생태계는 과정상 순환성을 지니고 있다. 전체로서의 생태계는 열린 시스템으로서 아무런 폐기물도 남기지 않고 재생되는 경로의 순환성을 지닌다. 생물들로 구성된 공동체는 고체, 액체, 기체 분자들이 지속적으로 순환하는 것일 뿐이지 사라지는 것이 아니다. 그리고 이러한 순환은 피드백 루프를 형성하기 때문에 상호작용적 성격을 지니고, 복수적 관계라는 측면에서 균형성과 유연성의 특성을 동시에 지니게 된다. 특히 복수의 피드백 루프들이 존재하는 유연성으로 생태계는 환경 변화로 인해 기존 시스템이 훼손되었을 경우 다시 균형을 되찾는 것이 가능해진다. 요컨대 생태계는 상호작용적 순환이 끊임없이 이루어지는 영역이다.

셋째, 생태계는 상호 협력의 특성을 지닌다. 서로 함께 살아가고 관계를 맺고 연결을 이루고 협동하려는 경향을 의미하는 협력(partnership)은, 생태계의 에너지와 자원의 순환적 교환에 있어 생명을 가능케 하는 기본원리이다. 생태계에서 경쟁과 협동(공생)은 대비되는 개념이다. 두 개체군을 기준으로 할 경우 경쟁은 서로를 억제하거나 부정적인 영향을 미치는 상황을 뜻하는 데 비해서, 협동은 양자에 모두 이익을 주는 공생관계를 지칭한다(Odum, 2001: 220~223). 이를 기반으로 한 상생은 두 개체 간의 일대일 관계보다는 다수 개체 사이에서 이루어지는 비선형적 관계를 의미한다(이도원, 2004: 10). 두 요소 사이의 의도적, 선형적 관계를 기반으로 하는 '의사소통' 영역을 넘어서는 것이다.

넷째, 생태계는 다양성(diversity)의 특성을 내포하고 있다. 생태계에서 다양성은 지구에서 생명이 탄생한 이후 여러 생물종들이 상호 간 다양한 생태적 역할(생산·소비·분해 등)을 통하여 공존관계를 형성하고 있다는 점에서 중요하다(김익수, 2002). 카프라는 생명세계의 다양성 관계를 중시하여 생태시스템을 '생명의 그물'이라고 명시하기도 하였다(Capra, 2001).

인간의 관점에서도 다양한 생물은 직접적으로는 의식주의 재료이자 자원이고, 간접적으로는 생존에 필요한 환경으로 필수적 존재이다. 또 인간 생태계에서도 다양성은 개개인의 권리 보호나 이들로 구성된 다원적 사회의 공생체계에 강한 복원력을 제공한다는 측면에서도 필수적이다.

상기한 네 가지 원리는 지구생태계가 생명체를 부양하는 공간으로서 작동, 유지되도록 하는 기제에 속한다. 그런데 거시적으로 보면 지구생태계의 존립은 태양으로부터 지속적으로 에너지가 유입되는 것을 전제로 앞으로 50억 년 정도로 추정되는 태양의 수명이 끝나면 동시에 사라지게 된다. 모든 과학적 논의는 이러한 한계성을 전제로 이루어진다는 점을 상기할 필요가 있다.

소통의 철학

생태계 질서와 관련된 이러한 인식론적 관점이나 생태시스템의 지배원리는 전일론 또는 총체론(holism)으로 지칭된다. 전일론은 어떤 대상물 각각의 존재 자체보다는 이들 간의 상호작용을 더 중시하고, 부분보다는 전체를 우선시하는 특성을 지닌다. 여기서 전일성의 의미는 무엇보다도 개개 현상의 특수성에 궁극적으로 질서를 부여하는 통일성을 뜻한다(문순홍, 1999: 120). 이런 점에서 생태학적, 시스템적 세계관(systemic world view)과 동일한 의미로 불리고 있다. 이 개념 속에는 무엇보다도 인간사회는 자연 순환과정의 일부이고, 또이들은 상호 의존성의 원리가 지배한다는 의미를 함축하고 있다(Capra, 1994: 201; 2001 참조).

이와 같은 관점들은 총체적 시각이라고 규정할 수 있다. 총체론적 패러다임을 환원주의적 패러다임과 비교, 정리하면 〈표 1〉과 같다(Capra, 2001: 26; 유정길, 1994: 287 참조). 우선 기본 인식 대상에 있어서 환원주의적 관점에서는 개별적 요소나 실체를 기준으로 한 존재론적 관점을 중시하는 데 비해서, 총체론적 차원에서는 각 요소에 주목하기보다는 이들 사이의 관계가 더 중시되는 관점을 견지한다. 따라서 인식방법에 있어서도 전자는 요소나 실체를 분석적, 실증적으로 접근하는 데 반해, 후자는 종합적이고 직관적인 관점에서 접근하는 차이를 보인다. 또한 환원주의는 이원적 요소 간의 분석을 기초로 한선형적이고 직선적인 원리에 입각하여 인식하는 데 비해서, 총체적 관점은 일체의 모든 요소를 종합적으로 인식하는 비선형적이고 순환적인 특성을 지닌다. 나아가 지향하는 가치에 있어서도 환원주의적 관점에서는 개체 간의 경쟁을 통한 지배관계가 추구되는 데 반해, 총체론적 입장은 개체 상호 간의 공생 및 협력을 중시한다. 이상의 분석을 기반으로 판단할 때, 총체론적 세계관은모든 생명의 일체성, 다양한 현상들의 상호 의존성, 변화와 변형의 역동적 순환성 등의 특성을 내포한다고 평가할 수 있다.

〈표 1〉 환원주의와 총체론 패러다임 비교

	환원주의적 관점/패러다임	총체론적 관점/패러다임
인식대상	요소 · 실체	요소 · 실체 간의 관계
인식방법	분석적/합리적	종합적/직관적
작동원리	선형적/직선적	비선형적/순환적
지향가치	경쟁/확장/지배	협동/보존/협력

2) 생태적 소통 원리

상기한 총체론적 인식론을 기반으로 하는 관점에서 가장 중요한 점은 생태계 차원의 커뮤니케이션 현상에 있어서는 이른바 인간 중심주의적 시각을 극복하도록 요구한다는 것이다. 인간 중심주의는 인간을 포함한 생태계에서의 커뮤니케이션을 인간을 정점으로 한 질서로 보는 관점이다. 즉 인간을 자연 또는 여타 생명보다 우위에 놓인 존재이자 모든 만물과의 관계에서 중심체로 보는 가치관을 지향한다. 반면 타 생명체를 위시하여 자연은 단지 인간을 위한 도구적 가치를 지닌 위상으로 전락된다(Capra, 2001: 23). 이와 같이 생태계 내에서도 인간 중심적으로 커뮤니케이션을 인식하는 경우, 이는 우선 생물학적 차원의 먹이사슬을 기반으로 하는 관계를 반영하는 커뮤니케이션 구조이다. 또 인간과 자연과의 커뮤니케이션도 인간 본위의 선형적이고 일방적인 커뮤니케이션 차원에서 이루어진다.

인간 중심주의와는 달리 심층 생태주의적 커뮤니케이션 관점은 인간, 자연, 혹은 모든 생명을 동등하게 인식한다. 이 관점은 인간을 자연이나 다른 생명으로부터 분리된 유일한 존재로 인식하지 않는다. 세계를 분리된 사물들의 집합체로 보지 않고, 근본적으로 상호 연결되어 있으며 상호 의존적인 현상들의 연결망(network)으로 보는 심층생태학(deep ecology)에 기반하고 있다. 심층생태주의는 인간 중심주의적 커뮤니케이션 양식을 현대문명 위기의 근원으로 본다. 그리고 이를 극복하기 위해서는 모든 구성원 사이의 커뮤니케이션(관계)이 동등한 위치에서 수평적으로 이루어지는 것을 지향한다(한면희, 2002: 54 참조). 인간의 존재를 자연을 구성하는 한 부분으로 혹은 개체생명의 연장이자 확장으로 자연을 인식할 경우, 인간 공동체의 커뮤니케이션 역시 거대한 생태적 커뮤니케이션 질서의 일부에 불과할 뿐이다. 따라서 생태주의적 커뮤니케이션 관점은 무엇보다도 인간을 절대적 존재가 아닌 상대적 존재로 인식하도록 하는 사고의 전환을 요구한다. 나아가 인간을 비롯한 뭇 생명들을 상호 관계론적 존재로 인식하게 한다.

이상과 같은 논의를 기반으로 생태적 커뮤니케이션 관점의 주요 특성을 다음과 같이 몇 가지로 정리할 수 있다.

첫째, 다중적 커뮤니케이션 구조를 형성하고 있다. 생태계는 선형적 커뮤니케이션 구조의 기본요소인 송신자나 수신자의 존재를 특정할 수 없는 다중적으로 상호 연결된 그물망 구조이다. 하나의 원인(송신자)과 결과(수신자)를 기본으로 하는 선형적인 커뮤니케이션 패턴은 생태계에서는 거의 드물고, 오히려 타 생명체들과도 끝없이 연결되는 비선형적 패턴을 형성한다. 또한 이들이 형성하는 커뮤니케이션 성격은 늘 가변적, 일시적, 상대적 속성을 지니게 된다.

둘째, 관계론적 상호작용의 속성을 지닌다. 앞서 언급한 송신자 및 수신자의 불확정성, 또는 구성요소 또는 실체의 다양성, 가변성 등을 토대로 생태커뮤니케이션은 관계론적 특성을 지닌다고 볼 수 있다. 이는 한마디로 실체론적 커뮤니케이션 논리를 비판적으로 인식하는 것이다. 이러한 관계론적 성격은 무엇보다도 커뮤니케이션의 효과를 양적 척도로 평가하는 것을 어렵게 만든다. 반면 존재론적 관점에서의 커뮤니케이션은 송·수신자 및 정보 등의 확정성을 전제로 이루어지는 상호작용으로 그 효과의 양적 측정이 가능하다. 예컨대 매스미디어 커뮤니케이션은 수신자의 통계치를 기반으로 한 양적 효과를 평가하는 것이 체계화되어 있다. 그러나 관계론적 관점에서 볼 경우 기존의 매스커뮤니케이션 패러다임에 대해서도 새로운 인식이 필요하다. 예컨대 커뮤니케이션을 요소 또는 실체론에서 관계론으로 전환하는 시각이다. 송신자-수신자의 존재 구도를 전제로 한 전통적 커뮤니케이션 개념에서는 송신자와 수신자를 고정적 존재 자체로 인식한다. 대신 관계론적 관점은 요소들 간의 가변적이고 유동적인 상호작용 내지 관계로 인식하는 소통 사고의 전환이 요구된다. 일찍이 김용호는 불교의 삼륜청정과 연기론을 근거로 하여 '요소', '실체'를 전제로 한 기존의 커뮤니케이션 연구가 '관계'에 입각한 패러다임으로 대전환되어야 함을 제시한 바 있다(김용호, 1992 참조).

셋째, '의사소통'에서 '소통'으로 연구 영역의 확장을 의미한다. 전통적 휴먼커뮤니케이션에서 '의사소통'은 의식적, 정신적 차원에서 주로 언어를 매개로 한 정보전달적 커뮤니케이션의 양식에 속한다. 생태적 커뮤니케이션은 정보는 물론 물질 및 에너지의 상호 교류이자, 언어와 같은 인위적 매개체에 한정되지 않는 상호작용이다. 이에 비해 의사소통은 실체나 요소 사이에서 이루어지는 언어적, 의식적 커뮤니케이션의 의미가 강한 성격을 지니고 있다. 이러한 의사소통은 매개성으로 인한 커뮤니케이션의 왜곡, 단절 등의 가능성이 높다. 커뮤니케이션은 의사소통의 패러다임의 한계를 넘어, 생태계에서 이루어지는 정보 물질 및 에너지의 교류로 확장하는 개념으로 인식될 수 있다. 요컨대 메타커뮤니케이션의 성격을 내포하여 커뮤니케이션 패러다임의 획기적 전환을 초래하게 된다.

넷째, 정보는 커뮤니케이션을 통해서 단지 전달되는 것만이 아니라 관계를 통해 생성 소멸되기도 한다. 생태계에서의 커뮤니케이션은 송신자에 의해 만들어진 정보 및 메시지가 단순히 전달되는 구조가 아니라, 일련의 커뮤니케이션 과정 속에서 의미가 생성되기도 하고 소멸되기도 하는 양태를 취한다. 이는 이른바 '부분의 합은 전체보다 크다'는 명제로 뒷받침되기도 하고, 창발성 효과와 연계되기도 한다. 창발성 효과(emergent property)는 특정계층의 구성요소가 결합하여 더 큰 전체를 구성하는 상위수준에서는 새로운 특성들이 나타나는 원리이다. 이는 구성요소 간의 관계, 즉 기능적 상호작용의 결과로 생성된다. 예컨대 산소와 수소가 결합하여 물(액체)이 만들어지는 현상과 같은 것을 뜻한다.

다섯째, 생태커뮤니케이션은 자발(자율)적 커뮤니케이션의 성격을 띤다. 자율조정 혹은 자기조직성(autopoiesis)은 자기제작(self-making)과 동일한 뜻으로 자기조직 하는 생태시스템의 특성 중 하나이다. 자기조직성은 신경과학자 마투라나가 창안한 것으로 신경시스템에 관한 연구를 통해 제시된 개념이다. 이러한 속성은 생명조직이 구성요소 간의 일련의 관계(커뮤니케이션)라는 점 외에도 이들 사이의 연결망이 전체적인 순환성을 지니고 있다는 측면과, 아울러 인지시스템(의식)을 갖고 있다는 사실을 통해서 이해된다. 따라서 "살아 있는 체계는 스스로 생산하고, 스스로 조직하고, 자기관계적이며, 스스로를 유지하는 이른바 오토포이에시스적 체계(autopoietistisches system)"(김성재, 1998: 44)라고 평가할 수 있는데, 이는 생태계 차원의 커뮤니케이션 현상을 잘 대변해 준다.

여섯째, 생태커뮤니케이션은 평등적 커뮤니케이션 질서이다. 자연생태계는 모든 생명(체)의 일체성, 즉 높낮이가 없는 관계를 형성한다. 특정 개체 혹은 종 사이에는 약육강식에 입각한 생존경쟁이 지배하기도 하지만, 전체적으로는 상호 협력에 기반한 공생관계가 우선하는 커뮤니케이션 질서를 형성한다. 이에 미루어 볼 때 무한한 자유경쟁을 기초로 하는 자본주의적 커뮤니케이션 질서는 반생태적 속성을 의미한다. 이는 생태학과 경제학적 관점의 차이로 비교할 수 있다. 인간생태계를 지배하는 원리로서 경제학은 경쟁, 확장, 지배를 추구하는 직선적 패턴인 데 비해서, 자연생태계를 지배하는 원리로서 생태학은 협동, 보전, 공생을 추구하는 순환적 패턴에 기반하고 있다(Capra, 2001: 389~398). 생태학과 경제학 원리의 차이는 인간세계와 자연세계의 소통현상의 차이를 느끼게 한다.

이상과 같은 특성을 고려할 경우, 생태적 커뮤니케이션 패러다임은 커뮤니케이션학 차원에서 볼 때 어떠한 효과를 기대할 수 있는가? 이는 크게 두 가지 관점으로 나누어 살펴볼 수 있다. 첫째, 커뮤니케이션의 지평을 인간 또는 인간사회에서 더 나아가 모든 생명체를 포함하는 생태 영역까지 확장시킨다는 점이다. 이와 관련 커뮤니케이션을 사회적 현상으로 한정하는 사회과학적 관점을 넘어서 전 생태계적 현상으로 인식하는 측면에서, 자연과학적 관점까지 포함한 통합학문(holistic science) 차원으로 확장시켜야 한다. 이러한 거시적 차원에서의 생태커뮤니케이션 담론을 통해 그동안 심화된 인간-자연 간 왜곡된 소통관계의 복원도 기대할 수 있다. 이를테면 환경오염은 인간과 자연환경 사이의 커뮤니케이션 과정상 드러난 부정적 '메시지'라고 할 수 있다(유정길, 1994: 284). 이러한 관점에서 최근의 환경위기는 인간을 정점으로 한 먹이사슬 구조상의 불균형 상태의 심화에서 파생되는 문제라고 볼 수 있다. 즉 과도한 인구증가와 이로 인한 타 생물종 및 생태계 질서가 파괴되는 현상을 의미한다. 그럼에도 이 문제에 대해서 기존의 커뮤니케이션 인식론은 어떠한 유의미한 역할을 못 하고 있다. 이에 비해서 생태적 커뮤니케이션 담론을 통해서는 인간과 인간뿐 아니라 인간과 기계, 동식물 및 환경과의 상호작용을 전일적으로 재구성하여 새로운 삶의 지평을 제시하는 것이 가능하고, 궁극적으로는 지속 가능한 공동체를 건설하는 데 기여할 수 있다(문순홍, 1999: 38~39). 이를 위해서는 우선 인간사회의 모든 영역에 걸쳐 '녹색가치'를 지향, 연계시키는 '생태적 네트워크 연결망'을 형성하는 것도 중요하다.

둘째, 생태커뮤니케이션 패러다임의 확산을 통한 또 다른 기대는 다양한 커뮤니케이션 시스템을 생태담론의 매개체 또는 공론장으로서 기능하도록 유도하는 것이다. 이는 미시적 차원의 시각으로서 생태커뮤니케이션 관점은 미디어로 하여금 생태적 매체로서 역할을 수행토록 유도할 수 있다. 즉 매스미디어가 인간사회의 매개 기능뿐 아니라 인간-자연 간 올바른 관계 형성을 위한 매개체로서 일정한 역할을 수행하는 것이 가능하다. 예컨대 자본주의에서의 매스미디어로 하여금 상품유통을 매개하는 물류 중심적 커뮤니케이션에 경도되지 않고, 대신 휴머니즘이나 생태사상에 입각한 커뮤니케이션 질서를 유지하는 매개기능을 기대할 수 있다. 이와 관련해서는 생태담론 분석, 생태미디어 교육, 환경보도 분석 등의 구체적인 활동도 중요하다. 이런 역할의 지향점은 생태적 사유와 생태학을 토대로 개인 사회 문명 등에 내재되어 있는 반생명적 요소들을 드러내 비판하는 기능을 수행하는 것이다(문순홍, 1999: 38~39).

생태커뮤니케이션 사상은 이상과 같이 인간과 자연이 생명의 그물로 연결되어 있음을 인식시키는 한편, '온생명'적 질서를 위한 생태적 사회, 생태적 삶, 생태적 미디어체계 및 기능 구축, 생태적 담론 형성을 통해서 궁극적으로 지속 가능한 사회를 지향토록 한다고 평가할 수 있다. 생태커뮤니케이션의 정향성은 궁극적으로는 일련의 현대과학적 패러다임의 전환에 대한 요구와 맥을 같이하고 있다. 즉 근대과학의 기계적 사고를 극복하도록 하는 데 일조한다. 왜냐하면 "개별 생명체나 생태계는 주변 환경과 상호 교류하고 환경변화에 자신을 변화시키는 살아 있는 비선형적 시스템인 데 비해서, 이를 다루는 현대 서구과학 전통은 선형적, 기계적, 환원주의적 사고에 입각해 있다는 점이 모순이자 한계"(윤용택, 2005: 87)이기 때문이다. 이는 서구과학적 주류 커뮤니케이션학의 지평과 생태커뮤니케이션 사상 사이의 간극과 이질성을 대변하는 것이기도 하다. 따라서 생태커뮤니케이션은 전통적 커뮤니케이션 패러다임을 극복하기 위한 대안적 관점이라고 할 수 있다.

4. 생태학적 생명소통

1) 온생명 사상

이상에서 살펴본 생태커뮤니케이션은 하나의 정립된 이론이라기보다는 인식론적 차원에서의 새로운 패러다임이라고 보는 것이 적합하다는 생각이다. 학문적 관점에서 보면 생태소통론은 분업적, 개별학문 영역을 넘어 다학제적 접근이 요구되는 과제를 안고 있다. 즉 자연과학, 인문과학 및 사회과학 등 지식의 대통합을 지향하는 이른바 '통섭(consilience) 또는 전일적 접근'이 요구되는 상황이다. 이에 부합되는 대표적인 사상으로 생태학적, 전일적 생명론인 온생명 사상을 꼽을 수 있다. 따라서 여기서는 장회익의 온생명 사상을 중심으로 생태적 생명소통 현상을 구체적으로 살펴보려고 한다.

장회익의 온생명론은 무엇보다도 생명에 대한 새로운 관점을 전제로 하고 있다. 이미 현대 과학문명에서도 '생명이란 무엇인가' 혹은 '생명현상을 어떻게 규정할 것인가'가 중요한 논제로 등장하였다. 그럼에도 불구하고 그동안 생명에 대해서는 합의된 정의가 내려지기보다는 다양한 관점에서 여러 견해가 제시되곤 하였다(슈뢰딩거, 2004: 어그로스 · 스탠시우, 1995 등 참조). 그중에서 기본적으로 로위의 생명 견해는 보편적으로 수용되고 있다. 로위(W. Rowe)는 대사(metabolism), 생식(reproduction), 진화(evolution) 등 세 가지를 생명현상의 주요 특성으로 보고 있다(장회익, 2001: 201). 먼저 대사는 외부로부터 에너지를 받아 자체를 유지시키는 기능을 의미한다. 에너지를 매개로 외부와 지속적인 소통을 통해 생명체가 지속 유지되는 것이다. 또 생식은 자기 자신을 복제하여 개체의 유한성을 극복하는 기능을 한다. 생식은 특정 개체가 갖고 있는 유한성을 재생산적 소통과정을 통해 무한성을 향해 나아가는 현상이다. 그 외에 진화는 환경변화에 적응하기 위한 변이와 선택 등의 기능을 의미한다. 생명체는 고정된 절대적인 환경 속에서 살아가는 것이 아니라 늘 변화하는 환경에 적응하면서 살아간다. 즉 변화하는 환경과의 긴밀한 소통 속에서 생존하는 것이다.

그러나 이런 관점은 독립된 개별 생명체를 중심으로 전개하는 생명 개념이다. 실제 생명세계는 서로 다른 수많은 생명체들이 연계되어 상호 의존적으로 살아간다. 따라서 대사, 생식, 진화를 생명현상의 특성으로 인식하는 관점은 중요한 핵심이 결여되어 있는 것이다. 즉 전체를 포괄하는 하나의 완결적인 단위까지 고려하는 생명단위에 대한 의미는 포함되어 있지 않다.

이와는 달리 온생명론은 개체생명 단위보다는 좀 더 거시적이자 관계론적 관점에서 생명에 대한 견해를 제시하고 있다. 무엇보다 생명현상을 시간적, 공간적 차원의 맥락에서 바라본다. 즉 장구한 역사적 차원에서의 생명, 그리고 우주공간 차원에서의 생명에 대한 논리적 추론에서 출발하고 있다. 시간성과 공간성 속에서 생명성을 바라보는 것이다.

먼저 생명과 시간의 관계를 살펴보자. 프랑스 과학자이자 사상가인 테일라르 드 샤르댕(Teilhard de Chardin)은 지구상에서 생명의 역사적 진화과정을 크게 세 가지로 나누고 있다. 우선 지구는 암석, 대기 등 기본적 물질로 구성된 지질권(Geosphere)이 처음 형성되었고, 이를 토대로 지구가 진화를 거듭하여 생명의 임계점(critical point)에 도달하여 생명권(Biosphere)이 탄생하였다고 보고 있다. 이러한 진화과정에서는 복잡성(complexity)이 중요한 축으로 작용하는데, 생명권의 형성은 그 복잡성의 정도가 무생물적 단백질 수준에서 생물적 단계인 생명체의 수준으로 전환되는 임계점을 넘어섰음을 뜻한다. 그리고 세 번째는 생명체가 돌연변이, 불연속적 도약, 생태적 변화 등을 거쳐 정신의 기원을 이루는 임계점을 지나 정신권(Noosphere)으로 발전했다고 보고 있다. 이 단계에 이르러서야 인간의 사회화 과정이나 문화현상이 전개된다고 한다(김경재, 1981: 43; 장회익, 1978: 110 참조).

요컨대 지구의 창조적 진화는 물질의 형성에서부터 시작하여 생명이 창조적으로 출현하였고, 이를 토대로 다시 정신의 출현이라는 3단계로 발전하였다. 물질, 생명, 정신의 진화 발전은 연속적인 동시에 불연속적인 과정을 거쳐 왔다고 보고 있다. 이 중에서 생명 영역은 두 번째와 세 번째 단계인 생명과 정신을 아우르는 영역을 의미한다고 할 수 있다. 현대과학은 우주의 역사를 대략 200억 년, 태양계 등장은 50억, 지구의 역사는 45억 년, 최초의 생명이 탄생한 시기는 약 30억 내지 35억 년 전, 그리고 인간의 출현은 약 300만 년 전으로 추산하고 있다. 따라서 1단계로 생명을 형성하는 과정이 약 170억 년 지속되었고, 생명체 등장의 역사는 30억 년 이상에 달한다. 온생명 차원의 논의는 적어도 인간생명 역사보다 훨씬 거슬러 올라가 생명체 등장 배경부터 포함하여 논의를 시작하고 있다.

이와는 달리 공간적 차원에서 생명을 바라보자. 온생명에 대한 논의는 지구생명체 전체를 아우르는 시각에서 생명론을 전개하고 있다. 그 이유는 무엇보다도 지구에서의 인간을 포함한 일체의 생명은 태양계 시스템을 근간으로 유지되고 있다는 사실을 주목하고 있다. 즉 태양과 지구라는 항성(恒星)과 행성(行星)은 에너지 소통을 중심으로 하는 관계가 지속적으로 유지되고 있다. 태양은 뜨거운 온도를 지닌 반면에 지구는 상대적으로 낮은 온도를 지닌 관계로 자유에너지 흐름이 지속적으로 유지된다. 지구의 입장에서는 외부로부터 에너지가 끊임없이 유입됨을 의미하고 이것이 일체 생명체 유지의 근원이라고 할 수 있다(장회익, 2001: 224). 이를 근간으로 지구상의 모든 생명체는 이른바 '생명부양환경(life-support environment)'이라는 제한된 여건 속에서 생존하고 있다. 오덤(Eudom)은 생명부양환경을 음식, 에너지, 무기영양물질, 공기, 물 등 생리적인 필수품 및 이들의 상호작용(식량생산, 공기·물 순환, 폐기물 동화 등), 그리고 생물체 등 자원의 유기적 작용과 관련된 개념으로 규정하고 있다(오덤, 2001: 27). 이런 생명의 조건은 인간생명의 경우도 예외는 아니다.

이상과 같이 온생명 관점은 각 개체 생명을 단위로 한 논의가 아니라, 역사적 물리공간적 차원의 연관성에서 생명을 규명하려는 것이다. 나아가 이를 근간으로 다시 생물·물리화학적 차원으로 생명 논의를 전개하고 있다. 즉 생명은 막대한 유전정보를 함유하고 있는 핵산분자와 이를 판독하는 기능을 수행하는 단백질분자가 상보적으로 독특한 경계조건(boundary condition)을 형성하여 정보처리의 기능을 수행함으로써 탄생한 것으로 평가하고 있다. 이러한 생명체의 협동현상은 무생물 차원의 물질현상과의 주요한 차이점이다(장회익, 1978: 116~118). 아울러 정신현상은 유전정보와 두뇌정보를 동시에 내포하고 있는 다세포생물에서 나타나는 고차원적 생명현상이다. 장회익은 이를 두뇌 속에 배열된 신경세포들의 유기적 결합에 의하여 발생하는 새로운 협동현상으로 정의하고 있다. 인간을 포함한 고차원적 생명현상의 단계까지 진화한 현실은 이러한 정신출현에 기초하고 있다.

그러면 긴 진화과정에서 나타나는 물질·생명·정신 현상들은 어떤 관련성을 지니는 것으로 볼 것인가? 온생명론은 물질현상, 생명현상, 정신현상이 서로 다른 실체를 의미하는 것이 아니라 하나의 실체가 서로 다른 차원으로 나타나는 중첩적 현상으로 본다. 즉 우주원소에서 출발한 물질세계 위에 생명현상이 표출된 것이고, 다시 이것들을 기반으로 좀 더 고차적인 질서에 따라 정신현상이 발생한 것으로 규정하고 있다(장회익, 1978: 112~118).

온생명론은 이상과 같은 생명에 관한 다원적 논의를 전제로 하여 전개되고 있다. 온생명사상은 우선 생명의 범주를 '낱생명', '보생명', '온생명'으로 구분하고 있다. 이들 생명의 세 가지 차원을 구체적으로 살펴보면 다음과 같다. 먼저 낱생명(individual life)은 "온생명 안에서 온생명의 나머지 부분과 적절한 관계를 유지하면서 유지되는 생명의 조건부적 단위"(장회익, 2004: 17)를 의미한다. 혹은 "내적 결속을 유지하면서 시간에 따라 지속적으로 전개되어 가는 시·공간적으로 국소화된 실체"(구승회, 2003: 117)라고 평가하기도 한다. 예를 들면 인간 혹은 개, 소나무 등은 하나의 개체생명을 의미한다. 그러나 장회익의 생명사상에서 이러한 낱생명은 그 자체로서는 불완전한 존재이다. 따라서 온생명 차원에서 나머지 보생명과 일정한 관계를 유지하는 경우 살아 있는 생명체라고 할 수 있다. 따라서 이에 대한 설명은 여타 생명 차원의 이해를 통해서 좀 더 구체화될 수 있다.

둘째, 보생명(co-life)은 온생명에서 특정 낱생명 자체를 제외한 나머지 생명 부분을 지칭하는 것으로, "개별 낱생명으로 하여금 더불어 살아 있게 만들어 주는 외부의 여건"(장회익, 2004: 17)이라고 보고 있다. 따라서 이는 특정의 생명체를 지칭하기보다는 온생명 체계에서 특정 개체생명에 대한 상대적 생명 혹은 낱생명에 대응하는 타 생명체들을 의미한다. 가령 인간이라는 개체생명을 낱생명이라고 지칭할 경우, 이를 제외한 다른 모든 생명체가 보생명에 해당된다. 달리 말하면 인간을 둘러싼 생명환경을 의미한다고 할 수 있다. 보생명은 그동안 인간에 의해 인위적으로 변화되거나 무한한 확장이 가능한 것으로 인식되어 오기도 했다. 특히 인간의 다양한 생산 활동을 통해서 보생명 범위는 바뀔 수 있다고 보는데, 환경개발을 통한 인간의 행위가 하나의 사례에 속한다고 할 수 있다(장회익, 2001: 235). 이러한 보생명 개념은 인간 중심적 생명관에 대한 비판을 가능케 하는 논리적 계기가 될 수 있다. 인간 역시 타 생명체 입장에서는 단지 보생명 혹은 환경에 해당되기 때문이다.

셋째, 온생명(whole life)은 간단히 말해서 개체생명과 보생명을 모두 아우르는 전체로서의 생명 개념을 뜻한다. 장회익은 온생명을 "기본적인 자유에너지의 근원과 이를 활용할 물리적 여건을 확보한 가운데 이의 흐름을 활용하여 최소한의 복제가 이루어지는 하나의 유기적 체계"로 정의하고 있다(장회익, 2001: 227). 이는 무엇보다도 생명현상으로 존립이 가능한 최소의 단위이자, 외부적 지원이 필요 없는 자족적 단위라는 이중적 의미를 내포하고 있다(장회익, 2004: 17). 이러한 관점에서 보면 낱생명은 스스로 자족적 단위가 될 수 없음이 명백하고 인간 생명도 예외일 수 없다. 하나의 부분생명으로 인간은 홀로 살아 있음을 유지, 발전시킬 수 없고, 지구상 수많은 보생명과의 소통관계 속에서만 생존이 가능한 것이다. 그것도 태양이라는 항성의 자유에너지를 받는 지구행성의 전제조건하에서 이루어진다. 인류라는 개체단위를 상정하거나, 인간과 여타 생명체의 관계에서도 온생명 관점은 동일하게 적용된다. 가령 개개인(낱생명)은 시간적, 역사적 차원에서는 이전 또는 이후 세대 생명과의 연속성에서, 그리고 공간적으로는 가족, 사회 등 횡적 단위에서의 소통이 생존의 조건이라고 할 수 있다.

〈그림 1〉은 온생명론을 간략하게 도식적으로 나타낸 것이다. 그림에서 A는 낱생명, B는 기타 낱생명(보생명), C는 온생명을 뜻한다. 여기서는 생명체계 내에서의 복잡성은 제시되지 않고 단지 생명단위 간의 단일 층위만을 보여주

고 있는데, 완전한 온생명의 체계는 입체적 형태를 통해서 잘 표현될 수 있다.

이상의 생명관은 낱생명, 보생명 및 온생명이 각각 별도의 독립된 생명체를 의미하기보다는 생명 개념에 대한 유기적 조명이라고 할 수 있다. 그리고 이들 사이의 긴밀한 유기적 관계 혹은 소통이 무엇보다도 중요함을 전제로 하는 생명관으로 해석할 수 있다.

그러면 온생명 사상은 구체적으로 어떤 의미를 제시하는가? 무엇보다 다음과 같이 네 가지 의미를 지니는 것으로 정리할 수 있다(구승회, 2001: 117): 첫째, 생명은 전체를 포괄하는 완결적 존재단위인 반면, 낱생명은 생명의 각 단계들을 나타내는 조건부적 존재단위이다. 둘째, 어떤 개체생명이 살아 있음은 온생명 틀 안에서 보생명과 동시에 공존함을 의미한다. 셋째, 개체생명과 보생명은 경쟁과 협동의 이원적 관계 속에서 생존을 영위한다. 넷째, 낱생명으로써 인간은 개인으로서 주체, 인류로서의 주체, 나아가 온생명으로서 주체의 성격을 동시에 지닌다.

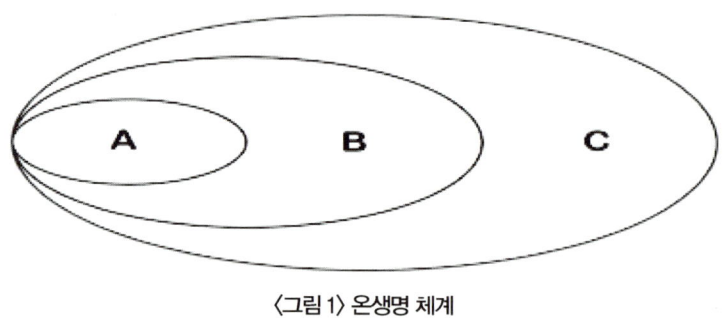

〈그림 1〉 온생명 체계

낱생명과 보생명은 서로 다른 것이 아니라 동일한 개체의 상황에 따른 다른 이름일 뿐이다. 인간생명 역시 낱생명이자 동시에 보생명의 위상을 지니고 있다. 낱생명과 보생명으로 구성되는 온생명은 각 개별 생명체 간의 관계 혹

소통의 철학

은 소통을 통해 존립한다고 할 수 있다. 이러한 점은 온생명 사상이 낱생명의 개체적 생명현상에 대한 이해를 깊게 하는 동시에, 온생명 전체 체계 내에서 나타나는 생명의 속성에 대한 이해의 기반을 제공해 준다는 평가에서도 잘 드러난다(양형진, 2003: 188~189).

한편 온생명 사상과 관련 최우석은 지금까지의 생명관을 개체주의적 생명관, 범(凡)생명관, 온생명관으로 나누어 그 가치를 평가하였다. 이 중에서 범생명관은 생명과 비생명을 구분한다는 것 자체를 중요하게 여기지 않거나, 아예 구분하지 않는다. 따라서 이 글에서 서술하는 생명을 전제로 한 논의와는 약간의 거리가 있다. 대신 개체주의적 관점과 온생명적 관점의 비교는 유의미한 결과를 보여줄 수 있다. 먼저 개체주의적 관점은 보통 상식적 차원에서 수용되는 생명의 개념, 서양 의학적 차원의 생명, 혹은 생물학적 차원의 생명 개념을 의미한다. 즉 일상적 혹은 과학적 방법을 통해 경험할 수 있는 개별 유기체들을 생명단위로 인식한다.

이에 비해 온생명적 관점은 생명을 태양으로부터 자유에너지를 공급받는 지구 차원의 우주적 현상으로 본다. 우주적 차원에서 또 다른 온생명이 존재할 가능성도 있으나, 우리 인간의 인식 수준상 아직까지는 우리가 속한 지구상의 온생명을 유일한 것으로 인식한다(최우석, 2003: 270~289).

2) 온생명과 커뮤니케이션

이상에서 알 수 있듯이 온생명론은 그 자체가 생명을 단위로 하는 하나의 소통이론 또는 커뮤니케이션이라고 할 수 있다. 그리고 상기한 온생명 사상은 그동안 단순히 논의 차원에 그치는 것이 아니고 인류의 현대문명 위기와 관련된 해결방안 차원에서도 중요성을 지닌다. 구체적으로 온생명관에서 본 생명에 대한 관점은 크게 인간 중심적 관점과 전 생명체 혹은 생태 중심적 관점 두 가지로 압축할 수 있다. 이러한 두 시각은 그동안 환경문제에 대한 논의를 통해서도 널리 알려져 있는데, 이를 정리하면 다음과 같다.

첫째는 인간이라는 낱생명 중심의 관점을 제시할 수 있다. 이는 무엇보다도 온생명 체계에서 인간 중심적 구조를 전제로 한다. 여기서 인간은 온생명의 주체로 여타 생명 및 환경보다 지배적 위상을 점유하고 있다고 인식된다. 계몽주의 시대 이후 인간은 이성을 바탕으로 자신의 가치를 극대화하기 위해 다른 보생명을 종속적 가치로 인식해 왔다. 대표적인 사례로 환경문제에 대한 인간의 행위문제를 들 수 있다. 환경문제의 해결책은 환원주의적으로 다시 인간 중심의 '친환경적인 지속 가능한 개발모델'을 제시하기도 한다(장회익, 2001: 270~273). 이 모델은 주체(인간)와 대상(타 생명체)이라는 기본구조에는 변함이 없는 것이다. 따라서 이 논리에 따를 경우 인간 중심의 일방적 관계 내지는 소통이 보생명을 변화시키고, 나아가 온생명 자체를 파괴하는 결과를 초래할 수 있다는 반론도 고조되고 있다. 그 결과 생태사상을 토대로 하는 관점으로의 전환을 강하게 요구받는 입장에 처해 있기도 하다.

둘째, 온생명 중심 관점은 인간뿐 아니라 모든 생명체가 동등한 내재적 생명가치를 지니고 있다는 입장이다. 기존에 전개되어 온 인간 중심주의를 벗어나 인간을 둘러싼 환경에 본원적 가치를 부여하는 새로운 틀을 제시하고자 하는 것이다. 이 관점은 모든 생명체는 서론 유기적으로 연결되어 있다는 이론을 전개시킨 카프라의 '체계론적 생명관'(Capra, 2001), 지구를 하나의 살아 있는 생명체로 보고 있는 러브록의 가이아(Gaia)이론(Lovelock, 2003) 등과 일정한 유사성을 내포하고 있다. 그동안 인간은 보생명을 도구화하고 파괴함으로써 온생명의 신체에 심각한 변화를 초래하였고, 이를 극복할 대안의 하나로 온생명 사상이 제시되고 있다. 그러나 이러한 온생명적 시각에서는 크게 두 가지

소통의 철학

본질적 선결과제가 도사리고 있다. 생명을 어떻게 정의할 것인가라는 문제가 하나이고, 생명계에서 인간의 위치를 어떻게 설정할 것인가가 또 다른 문제이다. 특히 후자의 경우 어떠한 경로를 통하더라도 결국 인간이 주체로 등장할 수밖에 없다는 점에서 온생명 사상을 수용하는 것이 어려운 난제로 인식된다.

한편 위에서 서술한 온생명 관점에서의 소통사상 혹은 커뮤니케이션 방식을 기존 커뮤니케이션학 관점에서는 어떻게 평가할 수 있을까. 먼저 개체생명 중심적 소통에서는 일방적, 비평형적 커뮤니케이션 양식이 특징으로 나타난다고 할 수 있다. 특히 인간(송신자)과 보생명(수신자) 사이의 소통은 종적관계 및 흐름의 일방적 구조를 보인다. 현대사회에서 전형적인 매스컴적 소통구조와 유사하다고 볼 수 있다. 가령 인간 송신자는 항상 프로그래머(programmer)이고 수신자(인간환경)는 프로그램 대상(programmied)이 된다. 주체(인간)와 객체(보생명)의 관계는 바뀔 수 없는 비가역적 특성을 지니고 있다. 따라서 소통은 제한적이거나 일방적 성격을 지닐 수밖에 없다. 인간은 항상 소통과정에서 구심축을 차지하고, 여타 생명체는 이에 수렴되는 대상으로 구성되는 이른바 '극장형 커뮤니케이션 구조'(플루서, 2001: 23)를 이룬다. 그리고 낱생명과 보생명 간의 종적 소통에 있어서나 개체생명 간의 횡적인 소통에 있어서도 이러한 일방적 관계는 동일하게 나타난다고 할 수 있다.

반면에 개체생명뿐 아니라 보생명을 모두 아우르는 온생명적 소통사상은 양자 간의 쌍방적, 상호 호혜적 커뮤니케이션을 지향한다고 할 수 있다. 인간 생명은 온생명적 구조에서 구심점이 될 수 없고 단지 보생명과 동등한 위상을 지니는 것으로 인식된다. 전통적인 의미에서의 인간(중심)커뮤니케이션은 여기서 극복의 대상이 되고, 대신 보생명을 포함한 온생명, 즉 '생명커뮤니케이션'으로 승화되어야 한다. 이러한 커뮤니케이션 흐름의 구조는 이를테면 '인드라망 소통'을 의미한다고 할 수 있다. 인드라망은 불교의 화엄사상에서 자주 등장하는 것으로 각각의 그물코마다 보석이 달려 있는 무한히 큰 그물을 지칭한다. 인드라망에서 하나의 보석은 다른 모든 보석에게 빛을 발하고, 각각의 보석 역시 동일하게 서로에게 빛을 발하여 상호 연관 및 상호 의존적 관계를 구성하고 있음을 보여주고 있다. 고로 세계(온생명)를 구성하는 모든 존재는 보석과 같이 동등하게 귀한 것으로 인식되며, 서로에게 빛과 생명을 주는 소통구조 속에서 공존한다(양형진, 2003: 190). 이러한 인드라망 소통체계에서 인간은 환경(보생명)과 동등한 하나의 보석일 뿐이다. 이를 토대로 바라보면 낱생명으로써 인간은 다른 보생명과 동등한 관계를 맺으면서 상생적인 커뮤니케이션 관계를 형성한다고 할 수 있다. 생태학적 소통관계에서 인간은 결코 소통의 유일한 주체가 아닌 것이다.

고도로 발달한 인간의 의식수준, 인간환경의 변화 등을 배경으로 이러한 온생명적 인식은 점점 확산되는 추세를 보이고 있다. 따라서 온생명적 커뮤니케이션의 현상은 중요한 의미를 지니는데, 이에 내포된 의미를 정리하면 다음과 같다.

첫째, 인식론적 차원에서 이원론(dualism)보다는 전일론(holism)에 기초하고 있다. 이원론에서는 너와 나, 정신과 물질, 인간과 자연 등 기계적, 역학적 대립구조를 전제로 하는 데 비해서, 전일론은 모든 구성요소 전체를 중시하고, 이들 간의 상호 의존성, 일체성 및 순환성 등을 중시하는 관점이다. 버틀란피(Bertalanffy)의 체계이론(systems theory)에서도 이와 유사하게 유기적인 상호작용의 연관성을 오래전에 제시한 바 있다(버틀란피, 1990).

둘째, 이로부터 개체의 낱생명과 보생명의 상호 호혜적 쌍방관계가 지배적 구조를 이룬다고 할 수 있다. 이를테면 인간 우위적 커뮤니케이션 구조나 일방적 구조를 지양하고, 보생명과의 동등하고 양방향적인 소통관계를 지향한다.

셋째, 온생명적 관점에서는 다양한 생명체의 존재를 전제로 하고, 이들 간에 이루어지는 상생의 소통원리가 중요한 근간을 이룬다. 구성원들 간의 약육강식적 경쟁보다는 전일적 생명 차원의 긴밀한 협동이 중요하게 인식된다.

넷째, 생명윤리 혹은 커뮤니케이션 윤리를 제고하는 계기를 부여한다. 이는 기존의 인간이성 중심의 윤리보다 확장된 의식으로써 자연 중심적 생태의식의 고양을 의미한다. 장회익은 이를 좁은 '지구인'의 관점에서 넓은 '우주인'의 관점으로 전환을 요구하는 것으로 제시하고 있다. 달리 말하면 나(인간)라는 존재를 개체적 단위에서 인류 차원의 '나'로, 나아가 온생명 차원의 '나'라는 인식으로 확장되는 것이 온생명적 소통의 전제라고 할 수 있다.

5. 생태적 소통을 위하여

앞에서 논의한 것처럼 생태적 커뮤니케이션 패러다임은 생태계의 '자연적 관계, 상호작용, 연결망'을 인식 기반으로 하고 있다. 생태커뮤니케이션은 인간의 인간에 의한 인간을 위한 커뮤니케이션에 한정되는 것이 아니라, 인간을 포함한 모든 생명체가 환경과 커뮤니케이션하는 다양한 관계(상호작용)로 커뮤니케이션 영역의 확장을 지향하는 것이다. 따라서 생태커뮤니케이션의 영역은 인간뿐 아니라 환경, 자연, 생명 등 전 지구적 차원의 구성원을 포괄하고 있다. 또 생태커뮤니케이션 개념은 이들이 상호작용 하고 공명하는 맥락을 전제로 한 역동적이고 관계적인 개념, 즉 의사소통을 넘어 공생, 상호작용, 연결망 등으로 확장, 규정할 수 있다.

따라서 생태커뮤니케이션 패러다임은 전통적 커뮤니케이션 패러다임과는 뚜렷하게 구분되는 특성을 지닌다. 즉 의사소통에서 소통으로 확장, 즉 사회적 커뮤니케이션에서 생태적 커뮤니케이션으로 논의를 확대하고, 존재 중심에서 관계 중심의 커뮤니케이션 관점으로 인식의 전환을 제시한다. 동시에 인간과 자연 및 환경, 또는 전 생명체의 상생 내지는 공존을 위한 지속 가능적 커뮤니케이션의 중요성에 대한 인식의 장을 제공하고 있다. 요컨대 생태커뮤니케이션 관점은 커뮤니케이션학의 새로운 연구 영역에 대한 제시이자, 패러다임 전환의 일환이라고 할 수 있다.

온생명 사상은 생태적 생명소통의 관점을 보여주는 하나의 모델이다. 온생명론은 무엇보다도 추상적, 관념론적 차원에서 생명에 대한 접근이 아니라 엄밀한 분석 및 논리적 접근을 근간으로 한 자연과학적 사고에 바탕을 둔 이론체계라는 점에서 독자적인 가치를 지닌다고 본다. 그동안 서구 기계문명은 모든 만물을 단지 인간의 인간을 위한 대상 내지는 도구로 인식하는 경향이 강했다. 이에 상응하여 인간과 다른 생명체들의 관계나 소통은 일방적, 수직적 양상이 전형적인 모델이었다. 그 결과 현대 인간문명은 여타 보생명으로부터 거센 위협과 도전에 직면하였고, 지구적 차원의 온생명의 존립 자체가 위기에 직면해 있다는 인식이 점점 고조되고 있다. 인간생명과 환경(보생명)과의 소통이 왜곡 또는 단절되는 위기를 맞고 있는 것이다. 인간 낱생명의 폭발적 증가와 이에 반비례한 생물종의 급격한 멸종위기가 이를 잘 대변해 준다. 과학계에서는 앞으로 지구의 수명을 40억 년 이상으로 추산하고 있는 데 비해, 인류의 생태계 파괴가 지속될 경우 수백 년 내에 인간을 포함한 모든 생물이 멸종될 것으로 예측하고 있다. 이에 대한 대안 중 하나는 인간(개체생명)과 환경(보생명) 간의 소통의 복원 혹은 패러다임의 전환임을 온생명 사상은 일깨워 주고 있다. 즉 인간과 보생명 간의 상호 호혜적, 수평적, 협동적 소통의 복원이 시급함을 설득력 있게 제시해 주고 있다. 온생명론은 결국 지구상에서의 인간의 위상을 재설정하는 계기를 제시하고 있는 것이다.

온생명론과 같이 생태적 소통현상은 무엇보다도 다학제적 연계를 전제로 하고 있다. 즉 커뮤니케이션학, 생태학, 철학, 물리학, 생물학, 심리학 등 다방면에 걸친 지적 성과와 연관되어 있다. 이들을 근간으로 한 다양한 이론적 토대들은 생태커뮤니케이션 패러다임을 뒷받침해 주는 주요한 밑거름이 되고 있다. 특히 양자역학, 유기체이론, 위험사회론, 가이아(Gaia)이론, 동양사상, 시스템이론, 불교사상, 생명사상 등이 대표적인 논의들이다.

덧붙여 생태커뮤니케이션 사상은 생태계를 구성하는 모든 생명체를 대상으로 관계의 연결망을 다루기 때문에 제반 학문적 성과가 연계된 통합적 성격을 지니게 된다. 즉 생태커뮤니케이션 패러다임은 기존의 커뮤니케이션학 전통과는 달리 일종의 통합학문적 성격의 의미를 지니고 있다. 이는 무엇보다도 커뮤니케이션학 자체가 커뮤니케이션, 관계성, 상호작용을 중심으로 다루는 학문 영역의 속성을 지닌다는 사실과 관련된다. 실존적 차원에서 커뮤니케이션 행위 자체가 모든 인간 생명체 사이의 상호작용의 구심점이듯, 커뮤니케이션 자체를 연구 대상으로 하는 커뮤니케이션학 역시 다양한 분과학문 영역의 상호작용에 관한 학문적 십자로의 성격을 띠고 있다(윤석민, 2007: 31). 따라서 관심이 고조되고 있는 학문 간 융합, 통합, 통섭 등의 논의에서 커뮤니케이션학은 중추적 위상을 점하고 있다고 평가된다. 주목할 것은 "현대과학에서는 사실 파악에 대한 방법론적 장치가 마련되고 이를 통해 수많은 지식들이 축적되면서도 이것을 통해 삶의 마땅한 방향을 찾아가는 학문적 자세를 지니지 못하고 있다"(장회익, 1991)는 점이다. 생태커뮤니케이션 패러다임은 이러한 문제 해결에 있어서 구심축 역할을 할 수 있을 것으로 기대된다.

참고문헌

고영섭, 2001. 《연기와 자비의 생태학》, 연기사.

구승회, 2003. 〈온생명론의 생명철학적 의미〉, 과학사상연구회 편, 《온생명에 대하여 -장
　　회익의 온생명사상과 그 비판자들-》, 통나무.

김경재, 1981. 〈떼이야르 드 샤르댕〉, 《기독교사상》.

김성재, 1996. 〈환경문제와 모험커뮤니케이션〉, 《한국언론학보》, 제37호, 92~132.

김용호, 1992. 〈삼륜청정과 연기론적 수용자 개념: '요소' '실체'에서 '관계'로의 전환〉,
　　《한국언론학보》, 제27호, 31-57.

김익수, 2002. 〈생물종 다양성 파괴와 생명의 위기〉, 《환경과 생명》, 9월호(통권 33호), 53~65.

김진웅, 2006. 〈커뮤니케이션의 확장: '생태커뮤니케이션'에 관한 소고〉, 한국커뮤니케이
　　션학회 2006년 추계학술대회발표논문.

김진웅, 2018. 〈생태커뮤니케이션 패러다임: 의사소통을 넘어 메타소통으로〉, 《커뮤니케
　　이션학연구》, 제26권 1호, 29~46.

김진웅, 2020. 《메타커뮤니케이션》, 커뮤니케이션북스.

러브록, 홍욱희(역), 2001. 《가이아. 생명체로서의 지구》, 범양사.

몰트만(Moltmann), 2004. 〈생태학(Oekologie)〉. 《신학사상》, 여름.

문순홍, 1999. 《생태학의 담론》, 솔.

버틀란피, 1990. 《일반체계이론》, 민음사.

슈뢰딩거, 서인석 · 황상익(역), 2016. 《생명이란 무엇인가. 물리학자의 관점에서 본 생명
　　현상》, 한울.

양형진, 2003. 〈불교의 세계관에서 본 온생명론〉, 과학사상연구회 편, 《온생명에 대하여 -
　　장회익의 온생명사상과 그 비판자들-》, 통나무.

어그로스 · 스탠시우, 1995. 《새로운 생물학. 자연 속의 지혜의 발견》, 범양사출판부.

오덤, 이도원 외(역), 1997. 《생태학》, 사이언스북스.

원용진, 2003. 〈위험사회와 커뮤니케이션〉, 《문화과학》, 35호, 75~90.

유정길, 1994. 〈생태적 대안사회와 공동체운동〉, 환경연구회 편저, 《환경논의의 쟁점들》,
　　서울: 나라사랑.

윤석민, 2007.《커뮤니케이션의 이해》, 커뮤니케이션북스.

윤용택, 2005. 〈패러다임의 전환과 정교화 사이: 카프라(F. Capra)의 과학사상을 중심으로〉,《과학사상》, 제1권, 80~104.

윌슨, 최재천 · 장대익(역), 2006.《통섭: 지식의 대통합》, 사이언스북스.

이도원, 2002. 〈생태학에서 부분과 전체〉,《과학사상》, 봄호, 58~73.

이도원, 2004. 〈생태학에서의 시스템과 상호의존성〉, 동국대 생태환경연구센터 생태포럼 발표문.

이도원 · 유신재, 1993. 〈생태학적 생명관의 전개와 생물다양성〉,《과학사상》, 겨울호, 101~124.

장회익, 1978. 〈우주과정 속의 인간〉,《현상과 인식》, 3권 2호.

장회익, 1991. 〈서양과학과 동양사상의 변증법〉,《말》, 2월호, 200~205.

장회익, 1997. 〈새로운 생명가치관의 모색〉,《한국환경정책평가연구원보고서》, 생명가치와 환경윤리학제간 연구(제2부).

장회익, 2001.《삶과 온생명. 새 과학문화의 모색》, 솔.

장회익, 2003. 〈자연, 환경의 주체인가: 온생명 입장에서 보는 관점〉, 과학사상연구회 편, 《온생명에 대하여 -장회익의 온생명사상과 그 비판자들-》, 통나무.

장회익, 2004. 〈과학 · 생명 · 생명윤리〉,《과학사상》, 2004년 제1권.

장회익 · 최종덕, 2008.《이분법을 넘어서》, 한길사.

최우석, 2003. 〈환경윤리 관점에서 본 온생명론〉, 과학사상연구회 편,《온생명에 대하여 - 장회익의 온생명사상과 그 비판자들-》, 통나무.

카프라(Capra), 1994. 〈생태학적 세계관의 기본원리〉,《과학사상》, 가을호, 199~213.

카프라, 2001.《생명의 그물》, 범양사.

페터-페터스 · 송해룡, 2001.《위험커뮤니케이션》, 커뮤니케이션북스.

플루서, 김성재(역), 2001.《코무니콜로기. 코드를 통해 본 커뮤니케이션의 역사와 이론 및 철학》, 커뮤니케이션북스.

한면희, 2002. 〈문명패러다임 전환과 생태주의〉,《과학사상》, 여름호, 43~60.

홍욱희, 2002. 〈현대생물학과 전일론〉,《과학사상》, 봄호, 41~57.

Bertalanffy, L. 1969. *General System Theory: Foundations, Development, Applications*. 현승일(역), 1990.《일반체계이론》, 민음사.

Capra, F. 1996. *The Web of Life. A new scientific understanding of living systems*. 김용정 · 김

동광(역), 2001.《생명의 그물. 살아있는 시스템들에 대한 새로운 과학적 이해》, 범양사.

Fritzsch, H. 1984. *The Creation of Matter: The Universe from Beginning to End*. 이회건 · 김승연(역), 1991.《철학을 위한 물리학》, 가서원.

Kuhn, T. 1998. *The Structure of Scientific Revolutions*. 김명자(역), 2002.《과학혁명의 구조》, 까치.

Lovelock, J. 1987. *GAIA. A new look at life on Earth*. 홍욱희(역), 2001.《가이아. 생명체로서의 지구》, 범양사.

Luhmann, N. 1990. *Kommunikation. Kann die moderne Gesellschaft sich auf oekologische Gefaehrdungen einstellen?* 이남복(역), 2002.《현대 사회는 생태학적 위협에 대처할 수 있는가 – 니클라스 루만의 생태학적 커뮤니케이션》, 백의.

Lum, C. 2005. *Perspectives on Culture, Technology and Communication The Media Ecology Tradition*. 이동후(역), 2008.《미디어생태학사상》, 한나래.

Meyer-Abich, K. 1990. *Aufstand fuer die Natur*. 박명선(역), 2001.《자연을 위한 항거》, 도요새.

Odum, E. 1975. Ecology: *A Bridge Between Science and Society*. 이도원 외(역), 1997.《생태학》, 사이언스북스.

Simonnet, D. 1979. *L'Écologisme*. 정문화(역), 1984.《생태학. 인간회복을 위하여》, 한마당.

소통의 철학

우주적 소통사상

1. 기: 천지만물의 소통 미디어

1) 우주만물의 소통 가능성

우리가 소통에 대해 생각하다 보면 하나의 진실을 깨닫게 된다. 원래 소통은 인간의 전유물이 아니라는 사실이다. 소통은 인간사회에서 이루어지는 현상일 뿐 아니라 사물, 자연, 우주에서도 끊임없이 이루어지는 현상이다. 다만 이를 쪼개고 분리해서 특정 영역에 한정된 소통현상만 다루어온 것이다. 이를테면 우주에서 일어나는 소통현상은 천체물리학, 자연세계에서의 현상들은 자연과학, 인간세계의 현상은 사회과학의 대상으로 구분해서 다루어왔다. 따라서 인간, 자연, 우주는 각각 별개의 대상으로 분리되어 있는 것처럼 간주되어 온 것이다. 그러나 실제 현실 세계에서 인간, 자연, 우주는 서로 긴밀하게 유기적인 관계를 형성하면서 유지되고 있다. 우주만물 사이의 소통관계는 단면적인 것이 아니라 입체적이고, 정적인 것이 아니라 역동적인 것으로 조화를 이루고 있다. 그래서 우주적 차원의 소통질서는 카오스가 아니라 코스모스라고 불린다. 일찍이 동양사회에서는 이런 우주적 형상을 천-지-인 관계로 정립하여 하나의 조화로운 체계로 인식하였다. 이른바 음양·오행사상은 이런 인식론을 기반으로 이루어지는 사물 사이의 관계를 설명하는 기본원리이다.

그러나 이런 동양사상은 서구 사상과 학문의 지배로 단절되어 현대로 계승되지 못하고 있다. 동양사상을 대신하는 서구 학문적 전통이 우주적 차원의 소통관계를 제대로 설명해 주는 것도 아니다. 따라서 우리에게 소통은 단지 인간사회에서 이루어지는 상호작용, 그것도 매스미디어를 매개로 이루어지는 소통현상으로 인식되곤 한다. 서구 근대기술문명의 산물인 매스미디어의 소통논리는 우주, 자연을 아우르는 거시적 차원의 소통현상을 설명하지 못할 뿐 아니라, 인간 자신조차 소외되는 현상을 양산한다.

서구 과학문명은 우주만물 사이의 관계를 물리적인 관점과 화학적인 관점에서 형성되고 변화 발전하는 것으로 인식하였다. 동시에 창조주에 의해서 우주가 탄생하고 유지되는 것처럼 받아들이기도 한다. 동일한 현상을 놓고 서로 다른 관점으로 바라보는 이런 관점이 타당한 것인가? 이들을 하나로 통합하여 인식하는 것은 불가능한 것인가? 우주만물 사이의 관계는 물질과 정신, 유형적인 것과 무형적인 것을 포괄하는 그 무엇이 아닐까 하는 상상을 하곤 한다. 이런 생각을 구상하다 만나게 된 것이 다름 아닌 기-소통사상이다. 이것은 근대문명이 발달한 서구사회에서 나타난 것이 아니라, 200여 년 전 조선 시대 사상가 최한기에 의해 집대성되었다.

2) 기-소통사상

기-소통 체계를 정립한 최한기는 누구인가? 혜강(惠岡) 최한기(1803~1877)는 서양의 사상과 동양의 사상을 통합하여 독창적인 사상체계를 제시한 조선 시대 대학자이자, 실학사상가, 기철학자로 알려져 있다. 그에 관한 연구들은 철학, 사상, 실학, 과학 등 매우 포괄적이고 다양한 관점에서 분석 접근이 이루어지고 있다. 하지만 그의 사상은 공히 기(氣)를 구심으로 한 체계라는 점에서는 이론의 여지가 없다. 특히 커뮤니케이션 관점에서 혜강은 기의 운행을 중심으로 소통사상을 전개하고 있는 소통의 사상가라고 평가할 수 있다.

그럼 최한기가 인식하는 기란 무엇인가? 보통 기는 신기(神氣)의 의미를 내포하며 운화(運化)의 성격을 갖는 자기활동성을 지니기에 인위적, 외적 소통보다는 속성상 자연적, 내적 소통의 특성을 갖는다. 동시에 지식 또는 앎의 소통 차원보다는 인간 행위 또는 인간 삶의 소통방식을 체계적으로 설명하고 있는 독특한 사상을 전개한다. 아울러 이 논리체계는 인간을 포함한 천지를 아우르는 차원에서 이루어지는 현상을 포괄적으로 해명하는 소통사상을 제시하고 있다. 박희병은 혜강이 "물아(物我)와 천인(天人)을 두루 통달하고 우주와 천지 만물과 인사의 천변만화를 꿰뚫고자"(박희병, 2003: 30) 하는 소통사상을 모색하고 있다고 평가한다.

최한기는 인문학, 사회과학 및 자연과학에 관련된 폭넓은 연구 및 저술활동을 통해서 소통에 관한 독창적 사상을 정립한 것이다. 혜강이 저술에서 '소통(커뮤니케이션)'이라는 개념을 직접 언급하면서 자신의 사상을 개진한 것은 아니다. 하지만 그의 사상체계의 중심이 되는 개념들은 (활동)운화, 통, 신기, 교접 등 커뮤니케이션 또는 소통과 동일한 의미를 지니고 있다. 방대한 저작 중에서 소통사상을 전개한 핵심 저술들을 꼽으면 다음의 몇 가지로 정리된다. 먼저 《기학(氣學)》은 천지만물의 보편적 존재 원리를 기일원론에 입각한 사유 체계로 제시하고 있다. 이에 따라 그의 사상을 '기학'이라고 칭하기도 한다. 여기서는 특히 '운화(運化)'라는 개념을 중심으로 자신의 소통에 관한 사상을 정립하고 있다는 점이 중요한 의미를 지닌다. 1857년 55세에 출간된 《기학》은 이전에 저술된 자신의 사상들을 집대성한 성격을 띠고 있어 그의 소통사상의 평가에서 중요한 위치를 점하고 있는 것으로 평가된다(손병욱, 1994).

또한 혜강은 《신기통》과 《추측록》을 합본하여 《기측체의(氣測體義)》라는 저서를 1836년(34세)에 출간하였다. 《신기통(神氣通)》은 주로 기의 본체에 대해서 논하고 있는데, 그중에서도 주로 일신(一身)의 (소)통에 관한 사유를 중심으로 서술하고 있다. 즉 신체적인 측면에서 유형적 소통관계를 의미하는 '형질(形質)의 통(通)'을 분석·제시하고 있다. 또 신기통에서는 그의 사상에서 보편적 개념으로 인식되는 '운화'보다는 '통(通)'이라는 개념을 사용하고 있는 점도 특징에 속한다. 《추측록(推測錄)》은 주로 마음의 무형적 인식작용에 관한 저술에 해당되는데, 특히 정신과 물질을 아우르는 일체의 유기적 관계로 소통을 인식하는 사유방식에 대해 설명하고 있다는 점이 중요하다. 그 밖에 《인정(人政)》은 사회적 차원에서 인간 및 자연을 아우르는 운화의 사상을 체계화한 저술에 해당된다. 이는 자연과학 및 인문과학적 사상을 아우르면서 독창적인 사회적 소통사상을 전개하는데 중요한 의미를 지니고 있다.

이처럼 혜강의 사유체계는 서구를 중심으로 발달된 근대학문적 시각과는 다른 독창적인 측면을 지니고 있다. 특히 그의 사상 전개에서 드러나는 다소 생소한 개념들과 사유체계는 다양한 해석을 낳을 수 있다. 언어라는 것이 그 대상을 독립적, 고정적 존재로 개념화하는 경향이 있다는 점을 고려할 때(김용호, 1992: 50), 더욱 그러하다. 또한 과학적 사고가 지배하는 현대사회에서 그의 독특한 사상을 수용하는 것은 인식의 패러다임의 전환을 전제로 해야 가능하다. 현대과학은 주로 대상화할 수 있는 요소나 실체를 연구하고 이로부터 객관적 진리를 밝혀내는 방식이 지배적이기 때문이다. 커뮤니케이션 현상의 과학적 연구에 있어서도 요소 또는 개체적 관점이 지배적인 경향임은 물론이다. 이에 반해 최한기의 소통사상은 인간과 만물이 모두 연결되는 관계론적 관점을 내포하고 있다. 즉 혜강의 사상은 "자연과 인간의 소통인 동시에 나와 남이

소통의 철학

소통하는 것으로서 자연, 인간, 사회의 상통(相通)을 확장하여 조화적 일체를 추구하는 논리"(금장태, 1980: 4)를 제시한다고 평가할 수 있다.

이 글은 이러한 배경하에 혜강의 기-소통사상을 체계적으로 분석하는 것이 목적이다. 구체적으로 혜강 최한기의 소통사상이 갖고 있는 기본원리를 규명하고, 그가 제시하고 있는 소통체계에 대해 평가하려고 한다. 이를 위해서 이 글의 구성은 기에서 출발하는 혜강 소통사상의 기본원리를 제시하고, 소통이 이루어지는 세 영역을 비교 설명한 후, 이들을 아우르는 소통의 인식체계에 대해 서술하려고 한다. 이 글에서 제시한 최한기의 저술 인용의 경우, 원저서의 한문 표기보다는 국역본을 기준으로 하였다. 그의 주요 저작들은 개별 연구자에 의한 번역도 있지만, 대부분 민족문화추진회의 고전국역사업 차원에서 이루어져 표준성을 지니고 있다.

2. 기(氣) 소통의 기본논리

1) 신기와 운화

앞서 언급했듯이 혜강 최한기 사상 전반에서 가장 핵심이 되는 개념은 기(氣)이다. 최한기는 기를 모든 현상과 존재의 근거이자 세계와 우주의 궁극적 실체로 인식하고 있다(박희병, 2003: 26). 따라서 혜강의 사상을 '기학'이라고 집약하기도 하는데, 이는 심학(心學), 이학(理學)으로도 불리는 성리학(性理學)과 대비되는 관점이다. 따라서 철학적 관점에서는 혜강의 사상을 주로 성리학과 비교하는 차원에서 관심을 기울이고 있다. 대표적으로 손병욱은 혜강의 기사상과 성리학과의 비교를 도표로 일목요연하게 정리하여 제시하였다(손병욱, 2005: 292).

기를 중심으로 한 최한기의 학문체계 중에서 소통의 관점과 긴밀한 연관성은 우선 모든 기가 운화하는 속성을 지니고 있다는 인식과 관련된다(기학 서문). 혜강은 기의 속성에 대해 구체적으로 다음과 같이 평가하였다: "대개 기의 밝은 것을 영(靈)이라 하고, 기의 능한 것을 신(神)이라 표현하고, 기의 조리를 이(理)라 하고, 기를 경험할 때 생기는 것을 지(知)라 하고, 기의 순환활동을 변화(變化)라 한다"(기학, 권1-2). 따라서 기는 매우 다양한 의미를 내포하는 개념으로 '신(神)'도 기의 또 다른 속성을 표현하는 것이다. 즉 "기 밖에 신이 따로 있는 것이 아니며, 기의 신묘한 작용과 공능이 바로 신이다"(박희병, 2003: 33)라는 논리가 설득력을 갖는다.

이렇듯 혜강은 기의 신묘한 성격을 '신'으로 표현하고 이에 따라 기를 곧 '신기(神氣)'라고 인식하기 때문에 그의 소통사상에서 기는 사실상 신기를 의미한다고 해도 무방하다(박희병, 2003: 28). 다시 말해서 유형의 기가 펼쳐져서 형이상학적으로 변화된 것이 신으로 신기는 기와 다른 별개의 개념이 아니다.

한편 신기는 추측(推測)과 비교되는 개념으로 인식되기도 한다. 먼저 신기는 우주만물 또는 인간의 자연적 활동으로서 운화를 의미하는 데 비해, 추측은 인간 마음의 활동을 지칭한다. 즉 신기는 보편성을, 추측은 인간 존재에 한정된 특수성을 내포하여 전자가 후자에 비해 광의의 의미를 갖는다. 이를 기준으로 인간과 사물에 견줄 경우 추측지리와 기질지리로 구분되기도 한다: "나의 신기에는 추측의 리가 있고, 사물의 기질에는 유행의 리가 있다. 이것을 통하게 되는 소이는 이목(耳目)의 힘이고, 추측하게끔 하는 것은 신기의 용이다"(신기통, 권1). 따라서 혜강은 기에서 시작하지 않을 경우 궁구하는 바가 다 허망하고 황당한 이치가 되며, 추측을 거치지 않는다면 자기의 아는 바도 아무런 근거나 증좌(證左)가 없는 말이 될 것이라고 평가한다(기측체의 서문).

이처럼 혜강은 인간의 신기를 중심으로 사유를 전개하고 있는데, 이에 대해 좀 더 접근해 보자. 혜강은 인간의 신기를 기의 질(質)적 성격과 신(神)적 성격에 입각하여 물질적, 정신적 기능을 하는 것으로 파악하였다. 물질적 측면은 형질(形質) 차원으로 몸의 감각기관이나 생리기관의 소통작용에 해당되는 것이고, 정신적 측면은 추측 차원으로 마음이나 사유기관을 통한 형이상학적 소통작용을 뜻한다. 또 신기 자체가 유형적, 객관적인 성격과 동시에 무형적, 주관적인 성격을 내포하고 있다고 판단할 수 있다: "신기는 하늘과 땅과 사람이 모두 한가지이나 형질은 하늘과 땅과 사람이 각각 다르다. … 사람의 몸에 신기를 생성하는 요소는 네 가지이니, 첫째는 하늘이요, 둘째는 토질이요, 셋째는 부모의 정혈이요, 넷째는 듣고 보아서 습염하는 것이다. 위의 세 조목은 이미 품수한 바가 있는 것이므로 소급하여 고칠 수 없으나, 아래의 한 조목은 실로 변통하는 공부가 된다"(신기통, 권1-76). 이는 인간의 신기를 통한 소통능력은 구체적으로 습염의 정도에 따라 정해지게 된다는 의미를 제시하고 있다. 견문습염(見聞習染)은 개인 또는 소통 주체의 기질 변화를 가져오기 때문이다.

한편 혜강의 소통사상에서 운화(運化)는 신기와 더불어 중요한 개념으로 평가된다. 먼저 운화는 기의 성(性)이자 기의 유행으로 '활동운화'를 줄인 의미를 갖는다. 또 운행변화라는 의미로 기가 스스로 자기운동을 하는 속성도 내포한다. 여기서 활(活)은 생기, 동(動)은 진작, 운(運)은 주선(周旋), 화(化)는 변통을 뜻하는 것으로 파악된다(기학, 권2; 권오영, 1998: 106). 이를 달리 풀이하면 활(活)은 기의 생명성, 동(動)은 기의 운동성(힘), 운(運)은 기의 순환성, 그리고 화(化)는 기의 변화성을 의미한다. 이는 결국 기에 내재되어 있는 소통의 성격을 구체적으로 제시하는 것으로 풀이할 수 있다. 따라서 운행변화는 통괄적으로 "생생한 기운이 항상 움직여서 두루 운행하여 크게 변화한다"(기학, 권2-13)는 의미이다. 이는 활·동·운·화로 구분되는 네 가지 뜻이 합쳐진 의미이지만, 각 단어는 항상 다른 단어와 함께 반응한다. 즉 "활 가운데 동·운·화가 있고, 동 가운데 활·운·화가 있고, 운 가운데 활·동·화가 있고, 화 가운데 활·동·운이 있다"(기학, 권2-13). 또한 이는 순차적으로도 긴밀한 연계성과 일체성을 내포하고 있는 것으로 받아들여진다: "활이 아니면 동이 없고, 동이 아니면 운이 없고, 운이 아니면 화가 없고, 화가 아니면 활이 없다. 활하는 고로 동할 수 있고, 동하는 고로 운할 수 있고, 운하는 고로 화할 수 있고, 화하는 고로 활할 수 있다. 활동운화의 네 글자는 남거나 모자람이 없어서 합하여 일체를 이룬다"(기학, 권2-18).

이를 요약하면 활동운화 또는 운화는 기-소통사상을 설명하는 핵심개념이라고 평가할 수 있다. 혜강의 사상에서는 운화와 함께 '통(通)'이라는 용어도 사용되고 있다. 그의 초기 저작에서는 '통'으로 표현되던 개념이 후기 저작에는 '운화'라는 개념으로 바뀌었는데, 소통의 관점에서 두 개념은 동의어로 간주될 수 있다. 즉 저서 《기측체의》에서는 '통'이라는 표현을 직접 쓰다가 《기학》 및 《인정》에서는 '운화'의 개념으로 포괄하여 사용하고 있다(이명수, 2008: 309). 혜강은 '통' 개념을 이를테면 '체통(體通)'을 설명하거나, 소통의 단계를 '형질통'과 '추측통'으로 구분하거나, 두루 통한다는 뜻의 '주통(周通)', 변화를 의미하는 '변통(變通)' 등에 사용하였다(신기통 참조).

한편 운화는 구체적으로 어떤 기능을 수행하는가? 최한기는 기의 활동운화의 작용에 대해 구체적으로 네 가지를 제시하고 있다: 즉 활동운화는 모든 기의 무궁한 쓰임(功用)에 두루 미쳐 이르지 않는 곳이 없다. 또 모든 우주의 별의 움직임을 총괄하되 방해를 받거나 가로막히는 바가 없다. 만물과 사람의 시종과 윤리도덕이 행하는 원리를 내포하고 있다. 나아가 의도한 바가 없으나 만물의 생육수장(生長收藏)을 주관한다. 하지만 주목할 것은 이러한 활동운화가 무엇을 인위적으로 제작한다는 의미를 지니는 조물(造物)이나 조화(造化)를 뜻하는 것은 아니다. 왜냐하면 이들 개념은 신이나 절대자에 의한 무에서 유의 창조와 같은 의미를 지니기 때문이다(기학, 권2-1). 요컨대 무형의 사물을 유형의 사물로 만드는 '조화'와, 신기의 작용에 의한 사물의 '운화'는 전혀 다르다. 전자가 이(理)의 원리인 데 비해, 후자는 기(氣)의 작용인 것이다. 이러한 운화기의 본성은 다양한 현상세계에 두루 작용하는 것으로 인식된다. 이에 관해 박희병은 다음과 같이 설명한다: "운화는 크게는 하늘(우주)에서부터 지구, 국가, 사회, 가문, 개인에 이르기까지 관철되지 않는 곳이 없다. 그것은 동식물에도, 무생물에도, 역사에도, 경제에도, 문학과 예술에도, 정치에도, 교육에도, 농사에도, 상업에도, 수공업에도, 기계에도 관철된다"(박희병, 2003: 28).

더욱이 중요한 것은 운화는 유(有)적 세계뿐만 아니라, 무의 세계에서 작용한다는 사실인데, 이는 운화 기의 편재성에 의한 것이다: "어떤 대상이나 현상에서만 아니라 대상과 대상의 '사이', 현상과 현상의 사이에도 운화는 관철된다. 나아가 지각과 인식행위에 있어서도 운화는 관철된다"(박희병, 2003: 28). 즉 운화는 사물(실체), 현상과 같은 유형적 대상뿐 아니라, 이들의 사이(공간) 나아가 지각 및 인식행위의 무형적 대상에도 작용한다. 이런 점에서 운화는 보편적 편재성을 지니는 기의 신묘한 성질을 드러내는 자기운동으로 해석할 수 있다. 이러한 운화는 하나의 개체에서부터 천지운화 또는 천인운화 차원으로 확산되어 궁극적으로 우주만물 차원에서 하나의 일기(一氣)로 일통하게 된다(박희병, 2003: 95). 요컨대 운화는 인간은 물론 천지만물 사이에서 이루어지는 일통적 소통을 설명하는 개념으로 평가할 수 있다.

2) 기(氣)-소통의 메커니즘

그러면 기를 구심 축으로 한 혜강의 사상에서 소통은 어떻게 이루어지는 것으로 평가할 수 있는가? 우선 위에서 설명한 기는 요소론적 성격과 관계론적 성격을 동시에 갖고 있는 것으로 구분할 수 있다. 여기서 요소 또는 개체는 고정적이고 불변적인 단일한 것이 아니라 관계에 따라 생성되는 상대적이고 상관적인 것을 의미하며, 관계는 항상 변화하는 역동적, 무형적인 것의 성격을 뜻한다. 즉 운화기는 개체론적 영역에서의 신기와 관계론적 영역의 신기 성격을 동시에 지닌다. 최한기는 이를 하나의 소통의 원리로 구성하여 제시하고 있는 것이다. 즉 혜강의 기-소통은 유형의 물질과 무형의 정신을 연속적으로 넘나들면서 상호 교류하는 것을 의미한다. 그의 기본개념인 신기를 중심으로 분석할 경우, 소통은 물질적 속성의 기가 정신적 속성의 신으로 변화되며 끊임없이 자기운동 하는 과정에 해당된다. 특히 신기소통은 기와 신의 전화과정 중에서 신의 측면에 관련된 것이다. 신기는 "신적 속성을 표현하면서도 그것이 물질적인 기로부터 유래한 것"(신원봉, 2005: 322)이라는 점을 전제할 때, 혜강의 소통사상은 결국 형이하학적 기를 토대로 하는 형이상학적 커뮤니케이션을 의미한다고 할 수 있다. 이러한 신기는 인간을 포함하여 천지만물에 편재되어 있으므로 소통은 인간과 인간, 인간과 사물, 천지와 자연 등을 모두 아우르는 차원에서 이루어진다.

　한편 혜강의 소통사상을 '질-기-신(質-氣-神)'(신원봉, 2005: 320) 변환논리로 해석하는 방식도 중요한 의미를 지닌다. 먼저 혜강은 추측록에서 "기가 단단하게 응결되면 질이 되고, 질이 흩어지면 다시 기가 된다"(추측록, 권2-254: 신원봉, 2003: 320). 질은 형체를 갖춘 형질을 뜻하는 것으로 파악한다면, 질적 소통은 기가 형체를 갖춘 유형적 단계로 전화된다는 의미이다. 그리고 이러한 형체에서 이루어지는 소통을 '형질통'이라고 할 수 있다. 이와는 달리 기가 펼쳐진 것(伸), 능한 것(能)이 곧 신(神)이다. 또는 신이란 그 측량할 수 없고 알 수 없는 것(기학, 권2-239), 그 본성의 신령함(기학, 권2-240) 등을 가리키기도 한다. 한마디로 신은 기의 무형적 속성을 지칭하는 것으로, 신기의 운화는 '신적 소통'에 다름 아니며, 혜강의 '추측통'에 해당되는 것으로 풀이된다. 따라서 기의 소통은 기의 질적 측면과 신적 측면이 동시에 이루어지는 일통관계로 규정할 수 있다.

이상에서 설명한 논리에 의거하여 최한기가 제시하는 신기의 일반적인 소통과정은 몇 가지 단계를 거치면서 진행되는 것으로 평가가 가능한데, 이를 인간의 소통 차원에서 정리하면 다음과 같다.

첫째, 외부대상의 경험을 통한 견문습염이 주관적 인식에 미치는 과정이다. 먼저 단순히 제규(諸竅)와 제촉(諸觸)의 감각기관을 통하여 외부의 대상을 받아들이는 이른바 '형질의 통'뿐만 아니라, 이를 추리하고 판단하는 '추측의 통'이 동시에 이루어진다. 여기서 형질의 통은 물질적, 유형적, 요소론적 차원에서 이루어지는 기통이고, 추측의 통은 정신적, 무형적, 관계론적 차원에서 이루어지는 기통을 의미한다고 평가할 수 있다. 여기서 제규(諸竅)는 인체에 있는 외부와 통하는 아홉 개의 구멍을, 그리고 제촉(諸觸)은 인체의 여러 촉감 또는 그 기능을 의미한다.

둘째, 추측지리(推測之理)와 유행지리(流行之理)가 조화를 이루는 과정이다. 형질 및 추측의 통을 거치면 인도(人道)를 정립하기 위한 추측지리를 얻게 되는데, 이는 다시 천도(天道)를 의미하는 유행지리와 조화를 이루어야 천인운화를 달성하게 된다는 의미를 내포하고 있다. 혜강은 사람의 인기(人氣)를 기준으로 한 소통만으로는 한계를 지니게 되며, 천리에 따르는 천기(天氣)에 부합되어야 비로소 조화로운 소통이 가능하다고 본다. 운화라는 개념이 연속적이자 위계적으로 이어지는 소통의 의미를 내포한다는 측면을 고려하면, 유행지리는 고정된 의미가 아니라 인도의 추측지리보다 상위단계의 기의 조리를 뜻하는 것으로 풀이할 수 있다. 따라서 인기운화에 의한 추측지리와 천기운화에 의한 유행지리는 상통하고 조율되는 소통이 이루어진다.

셋째, 준적(準的)이 정립되어 기질변화가 일어나는 과정이다. 준적은 표준(標準), 요령(要領), 권형(權衡) 등과 같은 뜻으로, 경험이나 경력 등 형질의 통과 추측의 통을 거쳐 지극한 사물의 이치(物理)를 깨닫는 것을 의미한다. 최한기는《신기통》에서 준적의 성격에 대해서 다음과 같이 규정하고 있다: "통달한 것이 갖추어져 지극한 데 이르면 반드시 환경에 얽매이지 않고 뚜렷이 확립되는 것이 생긴다. 그러나 그것은 형체가 있는 것이 아니므로 얻은 것이 있다고 이를 수는 없으나, 스스로 준적이 있으므로 얻은 것이 없다고 할 수도 없다"(신기통, 권1-94). 한편 이영찬은 준적의 정립에 대해서 다음과 같은 견해를 제시하였다. "인식의 궁극적 기제로서 준적은 인간의 신기가 천기와 소통하여 일치될 때 정립될 수 있고, 준적이 정립되기 위해서는 신기의 추측지리가 천기의 유행지리를 승순하는 데 장애가 되는 요인을 제거해야 한다"(이영찬, 2010: 510).

요컨대 준적은 무형의 판단기준을 의미한다. 따라서 준적은 하나의 고정된 형상이 아니라 다양한 유형을 갖는 것으로 인식되고 있다. 혜강은 이를 대학(大學)의 '수신 제가 치국 평천하(修身 齊家 治國 平天下)' 조목과 연계하여 평가하고 있다. 이와 관련《신기통》에서 제시하는 구체적인 내용을 보면 다음과 같다: "천하의 모든 사람이 실천할 수 있는 도리로 신기를 통하면 이는 '신기의 준적'이 되고, 천하의 모든 사람이 통행하여야 할 도리로 수신하면 이는 '수신의 준적'이 되고, 천하의 사람이 통행하여야 할 도리로 제가(齊家)하면 이는 제가하는 것의 준적이 되고, 만국에 통행하여야 할 도리로 나라를 다스리면 이는 나라를 다스리는 준적이 되고, 천하를 포용하는 인의(仁義)와 윤강(倫綱)이 영원불멸하는 가르침으로 미혹되고, 악한 자를 인도하고 변화시켜 천하의 백성을 편안하게 하는 것이 천하를 평화롭게 하는 준적이 된다"(신기통, 권1-94). 이처럼 준적은 인과적인 경험추측과 더불어 인식주체와 인식대상 사이의 소통에 의해서 이루어지는 결과라고 할 수 있다.

　상기한 다양한 소통과정을 통해서 혜강은 궁극적으로 대동사회나 인도의 구현 또는 천인만물의 조화가 이루어지는 일기(一氣)에 도달한다고 제시한다. 고로 최한기의 운화기를 기반으로 하는 소통사상은 논리상 인간커뮤니케이션 차원에 그치는 것이 아니라, 사실상 인간과 자연을 아우르는 우주적 소통을 의미한다. 따라서 일신운화나 통민운화 등 특정 영역의 인간커뮤니케이션 현상도 천지운화까지 연결되어 일통적 소통관계가 형성되는 것으로 인식된다.

3. 기(氣) 소통의 세 차원

　한편 혜강의 소통사상을 접근할 때 두드러진 측면은 운화라는 개념을 중심으로 다양한 기 소통현상을 제시하고 있는 점이다. 이는 달리 표현하면 만물소통의 현상이라고 할 수 있다. 즉 혜강은 기는 본래 하나이나 활동운화 하는 존재의 양상에 따라 다양한 소통의 층위 또는 레벨을 갖는 것으로 인식한다. 이러한 기의 속성을 기반으로 최한기는 기 운화의 현상을 다양하게 구분하고 있다. 이를테면 인간의 영역에 해당되는 인기운화 및 자연에 해당되는 대기운화의 두 영역으로 구분하거나, 또는 우주운화, 인민운화 및 용기(器用)운화라는 세 영역으로 나누는가 하면, 천지운화, 통민운화, 교접운화 및 일신운화라는 네 영역으로 대별하기도 한다. 이에 따라 연구자들도 운화의 세부 영역을 각각 다르게 규정하여 분석하기도 한다. 그럼에도 불구하고 공통적인 기본 골격은 천지운화의 기와 인신의 기로 구분하고, 이를 다시 천인운화로 통합한다는 점이 요체이다. 여기서 천지운화는 기의 보편성 자체를 뜻하는 데 비해서, 인신의 기는 인간의 형질 속에 내포되어 있는 천지운화의 특수한 기라는 의미를 갖는다(손병욱, 2005: 284). 따라서 천지운화와 인신운화는 이분법으로 구분되는 것이 아니라, 하나의 대기(大氣)에 의해 수렴 및 통합되는 존재의 다양한 소통현상이라고 볼 수 있다.

이러한 천인운화를 어떻게 세분화하고 또 표현하는가에 따라 운화의 차원 또는 층위는 다르게 규정될 수 있다. 그중에서 상기한 세 가지 운화 영역, 즉 일신운화, 통민운화, 천지운화로 구분하는 것이 대표적인 평가이다(허남진, 2005: 242; 박희병, 2003; 이영찬, 2010; 구자익, 2010 참조). 하지만 다른 연구에서는 제3의 분류 관점도 제시되고 있다. 대표적으로 노병성(1993)은 교접운화를 포함하여 네 가지로 운화 영역을 구분하여 설명하고 있다. 또한 혜강은 교접운화를 포함하여 운화의 층위 및 등급을 네 영역으로 분류하는 경우, 대학(大學) 8조목의 수신 제가 치국 평천하와 연계하여 천인의 도가 완성되는 것으로 풀이하기도 하였다(기학, 권1-98). 이 글에서는 연구자들의 보편적인 관점에 따라 세 가지로 구분하여 서술하기로 한다. 이 경우 논리상 교접운화는 통민운화에 포함시켜 논의하는 것이 타당하다. 최한기의 사상에서 교접운화는 기의 보편적 소통관계를 의미한다고도 할 수 있는데, 이에 대해서는 이 글의 4장에서 자세하게 설명하였다.

1) 개체적 소통: 일신운화

우선 일신운화는 한마디로 개체 단위 차원에서 이루어지는 기-소통을 의미하거나(박희병, 2003: 29), 또는 한 개인을 형성하는 신기를 표현하는 개념이라고 할 수 있다(금장태, 1980: 14). 인간커뮤니케이션을 전제로 할 경우 개인 차원에서 이루어지는 자아소통 현상을 지칭한다.《신기통》을 중심으로 전개되고 있는 일신운화의 소통논리는 대부분 신체상의 운화에 관한 소통현상을 상세하게 분석 제시하고 있다. 이를테면 목통(目通), 이통(耳痛), 비통(鼻痛), 구통(口通), 수통(手通), 족통(足痛), 촉통(觸通)으로 구분하여 운화를 분석하고, 이들을 다시 체통(體通), 주통(周通) 및 변통(變通) 개념으로 설명하고 있다. 요컨대 일신운화는 신체적 기관의 소통으로 인식하는 것처럼 보인다.

이처럼 일신상의 다양한 '통(通)'의 양상은 단순히 각 신체기관의 형질적 작용에 불과한 것으로 평가되는가? 이에 대해 혜강은 이목구비와 같은 신체조직은 단순히 물리적 차원의 기의 소통뿐 아니라 신기가 드나드는 기능을 수행하는 것으로 인식한다(신기통 서문). 왜냐하면 귀, 눈, 코, 입 등 신체조직은 다음과 같이 신기를 통하게 하는 기관에 해당되기 때문이다: "하늘이 낸 사람의 형체는 모든 수용(須用)을 갖추고 있는데, 이것이 신기를 통하는 기계(눈, 귀 등 신체의 기관)이다. 눈은 색을 알려주는 거울이고, 귀는 소리를 듣는 대롱이고, 코는 냄새를 맡는 통(筒)이고, 입은 내뱉고 거둬들이는 문이고, 손은 잡는 도구이고, 발은 움직이는 바퀴이니, 통틀어 한 몸에 실려 있는 것이요, 신기는 이것들의 주재(主宰)이다"(신기통 서문).

결국 일신운화는 신체의 제규와 제촉을 통해서 신기를 받아들이는 것으로 판단할 수 있다. 그리고 일신에 쌓인 인정(人情)과 물리(物理)는 다시 제규 제촉을 관통하여 발용하게 되는데, 이것이 천형(踐形)하는 바른길에 해당된다(여기서 천형이란 부모와 하늘로부터 받은 본성과 형체의 바른 기능을 어김없이 실현하는 것을 뜻한다). 그리고 이러한 일신의 다양한 소통은 신기의 작용으로 해석된다. "빛이 눈을 통해야 천하의 빛이 모두 신기의 용이 되고, 소리가 귀를 통해야 천하의 소리가 모두 신기의 용이 되고, 냄새와 맛과 모든 촉감은 모두 입과 코, 손과 발로 통해야 사물의 운동이 모두 신기의 용이 된다"(신기통 서문). 다시 말해서 일신운화의 소통은 유형적 기의 작용에 한정된 것이 아니라, 동시에 무형의 신기가 작용하는 것으로 의미를 부여받는다.

한편 혜강은 이러한 일신의 소통의 조건으로 다음의 몇 가지를 제시한다. 우선 신체의 제규, 제촉이 원활하게 작동하는 것이 전제조건이다. 또 신기에 의 경험과 기억이 있어야 사물을 정확하게 이해할 수 있으며, 이러한 경험능 력이 없다면 여러 번 보거나 들은 사물도 제대로 인식할 수 없다. 나아가 사물 과 자신을 참작하고 임기응변하는 능력을 갖추어야 한다. 그렇지 않으면 옛것 에 매달리거나 융통성이 없게 된다. 마지막으로 실용, 실속 및 징험할 수 있는 능력이 있어야 한다(신기통 서문).

상기한 일신운화의 메커니즘은 크게 형질통과 추측통이 서로 반복적으로 작동하면서 전개되는 것으로 평가된다. 형질통은 간단히 말해서 제규 제촉의 작용 과정을 의미하며, 추측통은 제규 제촉의 형질통을 다시 지각, 판단하는 과정을 의미한다. 요컨대 형질통은 일신 차원의 유형적이고 물질적인 소통을 뜻하고, 추측통은 무형적이고 정신적인 소통을 의미하는 것으로 판단되는데, 일신상의 소통에서 이들은 따로 작동되기보다는 연속적으로 이루어진다. 추 가로 일신운화는 과정상 신기가 들어오는 수취단계, 머무르는 저장단계, 그리 고 나아가는 발용단계로 구분하기도 한다(노병성, 1993).

2) 사회적 소통: 통민운화

통민운화(統民運化)는 사회 공동체 영역에서 이루어지는 신기의 운행을 뜻 하는 것으로 구성원 모두에게 보편적으로 작용한다. 최한기는 대기운화와 일 신운화의 중간 영역에 위치하는 통민운화를 전민(全民)운화, 인민(人民)운화, 통중(統衆)운화, 만민(萬民)운화, 서민(庶民)운화 등 다양한 개념과 동의어로 사 용한다. 이러한 통민운화는 일신운화의 개별성과 천지운화의 보편성을 매개 하는 중심적 위치를 점하기 때문에, 혜강은 통민운화를 소통의 핵심 영역으로

인식하고 있다: "통민운화는 기학의 중심축이 된다. 일신운화가 통민운화를 기준으로 삼으면 진퇴할 바가 있게 될 것이고, 대기운화가 통민운화에 이르러 미친다면 어긋나 넘치는 일이 없을 것이다. 만약 일신운화가 통민운화를 기준으로 삼지 않으면 인도를 세워서 정교를 시행할 수 없을 것이요, 또 대기운화가 통민운화에 이르러 미치지 않는다면 표준을 세워서 범위를 정하지 못할 것이다"(기학, 권2-97). 달리 표현하면 사회적 차원의 운화는 개인 차원의 운화와 천지운화를 수렴하고 아우르는 구심적 소통의 영역이라고 할 수 있다.

그러면 통민운화란 무엇인가? 통민운화는 정치, 교화(敎化) 및 윤리를 통하여 궁극적으로 인도(人道)의 구현을 지향한다(인정(人政)). 이러한 사회제도나 국가 등 사회적 차원의 소통현상은 하나로 합쳐지는 일통(一統)적 관계를 지향한다. 하나로 통하는 일통(一通)이 아니라 하나로 통합되는 차원의 일통(一統)이라는 점이 특징적이다. 혜강에 따르면 일통적 다스림은 구체적으로 다음의 네 가지 현상을 의미한다. 즉 사람을 헤아리는 측인(測人), 사람을 가르치는 교인(敎人), 사람을 선별하는 선인(選人), 사람을 적재적소에 쓰는 용인(用人)을 말한다. 일통적 소통이 이루어지면 사회가 분열되거나 단절되는 문제가 사라지고 나아가 하늘과 인간의 일통(一統)적 관계가 이루어진다(금장태, 1980: 135).

통민운화에 관한 내용을 자세하게 제시하고 있는 《인정》에서는 정치와 교육을 핵심적 소통 영역으로 제시하고 있다. 다시 말해서 통민운화는 정교(政敎)의 범위를 정하고 강령을 세워 본체를 밝히며 조목을 나누어 구체적 기능을 수행하는 것으로 설명한다. 그리고 이는 원칙적으로 천지운화를 계승하여 따르고, 일신운화를 미루어 확대하는 가운데 이루어지는 것으로 해석된다. 그렇지 못하면 전 국민의 운화가 분열되어 결국 각각 사익을 추구하게 되며 공정하고 밝은 통민의 준적이 확립되지 못하여 소통이 이루어지지 않게 된다.

따라서 통민운화는 그 자체에만 한정된 것이 아니라, 자신을 수양하는 일신운화 및 집안을 잘 다스리는 제가(齊家) 차원과 연계되어 이루어지는 것으로 인식된다(기학, 권2-98). 그러면 통민운화가 추구하는 것은 무엇인가? 최한기는 사회적 소통의 이상으로 대동사회를 지향하는 것이 목표라고 한다. "대동사회란 개인이 사회에 통합되되 그 사회의 원리가 천지자연의 원리에 어긋나지 않는 사회"(손병욱, 1994: 27)라고 한다. 이 목표는 개개인 차원의 일신운화 및 대기 차원의 천지운화에 승순하여야 달성되는 것으로 풀이된다. 통민운화는 독자적으로 이루어지는 것이 아니라 안으로는 일신운화, 밖으로는 천지운화와 함께 어우러져 완성되는 것이다.

통민, 즉 사회적 소통이 이루어지는 근본적 원리를 인도(人道)라고 한다. 이를테면 인간을 헤아리는 측인(測人)은 인도를 근본으로 하는 것이고, 나아가 교인(敎人), 선인(選人), 용인(用人)도 마찬가지이다. 이러한 인도는 다시 기화(氣化)에 근거를 두고 천지와 인물의 교접으로 연계되어 있다.

3) 우주적 소통: 천지운화

한편 혜강이 제시하는 세 번째 기-소통의 영역은 천지운화이다. 혜강의 사상에서 천지운화는 일기운화, 대기운화, 신기운화, 우주운화 등과 동의어로 간주된다(박희병, 2003: 138). 천지운화는 우주만물 및 인간의 자연적 활동운화, 즉 우주적, 자연적 영역에서 이루어지는 기의 운행하는 현상을 일컫는다. 따라서 이는 인간의 소통 영역을 넘어서는 차원이라고 할 수 있다. 흔히 인간의 인위적 활동의 총체를 인도(人道)라고 지칭하는 데 비해, 우주적 차원의 신기 활동은 천도(天道)라고 불린다. 여기서 천(天)은 하늘을 뜻하는 개념이라기보다는 삼라만상을 포함하는 포괄적인 자연을 지칭하는 개념에 더 부합된다. 박희병은 통민운화의 차원에서의 '天'은 '民'을 의미하는 것으로 풀이한다(박희병, 2003: 78). 따라서 '천'은 하나의 고정된 개념으로 인식하기보다는 상황에 따라 의미가 달라지는 역동적인 개념으로 인식하는 것이 타당하다. 인간사회의 윤리적 소통을 뜻하는 통민운화와는 다른 차원의 것으로, 천지운화는 자연의 물리법칙이며 최상위의 운화단계라고 할 수 있다. 이러한 대기운화는 요컨대 "보편적이며 자연의 법칙이며, 인륜도덕의 근거이며, 만물의 생장수장의 원리"(이영찬, 2010: 501)를 의미한다. 이를 지배하는 법칙도 물리(物理)라고 하는데, 이는 만물이 대기에서 품부받은 일정한 법칙을 뜻하는 것으로 유행지리와 동일한 의미로 인식된다. 하지만 이는 현대 자연과학에서 사용하는 의미의 '물리'와는 다른데, 이를 어떻게 규정 해석할 것인가는 중요한 과제로 인식되고 있다(손병욱, 1994: 33). 유행지리는 나아가 보편성을 내포하는 천도를 뜻하기 때문에 천지운화와 다시 연계된다.

그러면 천지운화의 본질적 성격은 어떻게 규정할 수 있는가? "천은 대기로써 운화하는 것이니 해·달·별·지구가 차례로 돌고 돌아 신묘한 작용을 한다"(기학, 권1-78). 혜강은 이러한 천지운화는 모든 운화의 근본작용이기 때문에 사람의 힘으로는 막을 수 없다고 한다(기학, 권2-31). 이처럼 천지운화는 인간뿐 아니라 천지만물에 작용하는 대기(大氣)라는 점이 특징이다. 대기운화는 일신운화나 통민운화와는 달리 그 자체보다는 인민(人民) 차원의 운화에 미치는 영향과 관련하여 더 중요한 의미가 부여된다. 혜강은 이를 대학(大學)의 조목과 연계하여 치국 및 평천하에 기여하고, 제가 및 수신 그리고 다양한 직업에도 영향을 미친다고 본다. 이에 대해《기학》에서는 다음과 같이 설명하고 있다: "대기의 활동운화는 백성들의 삶에 있어서 받들어 실행해야 할 바가 되어 왔다. 비록 아직 명백히 드러내어 그것을 말할 자가 없었더라도 크게는 치국·평천하와 작게는 제가·수신에서 사농공상의 직업에 이르기까지 그것을 따르지 않음이 없었던 것이다"(기학, 권1-92).

따라서 대기운화는 옛날부터 지금까지 사람들이 차례로 승순해야 하는 운화의 기강으로 간주되며(기학, 권2-69), 인기(人氣), 즉 인간의 소통이 따라야 할 원리에 다름 아니다. 달리 말하면 인간사회가 지향하는 인도(人道)나 인간공동체의 목표인 대동사회는 천지운화의 천도를 승순하는 관계를 맺고 있다.

이처럼 대기운화는 궁극적으로 인간 및 사회에 미치는 영향이 지대하다고 보는데, 혜강은 구체적으로 다음과 같은 기능들을 제시하고 있다. 첫째, 대기운화는 근본적으로는 사물의 본말을 통찰하고 항상 조처하도록 한다. 둘째, 마땅히 준수해야 할 대도를 수립하여 이단과 잡설에 이끌리지 않도록 한다. 셋째, 대기운화는 도량이 넓고 커서 힘써 노력하지 않아도 모든 사람이 삶을 영위토록 한다. 넷째, 변화하는 세계의 전후의 일을 헤아려 나중의 일을 미리 이룰 수 있다. 다섯째, 일상생활의 행실이 법도를 따르게 되어 힘을 낭비하지 않게 된다. 여섯째, 수력 및 화력을 이용하거나 공예품 의장(意匠)을 제작하는 등 독창적인 생각을 갖게 한다(기학, 권1-92). 요컨대 대기운화는 제반 운화에 영향력을 미치는 중요한 기제이며 만물과 만사의 준적(準的)이자, 선과 오류의 근거로 작용한다고 평가된다(박희병, 2003: 71). 따라서 앞서 설명한 일신운화 및 통민운화는 천지운화에 귀속되며 순응하는 것으로 결론지을 수 있다.

4. 기-소통의 인식론적 체계

1) 천인운화적 소통체계

상기한 바와 같이 세 운화 영역은 기의 운동을 개인으로부터 점점 확대하여 우주까지 포괄하는 등급으로 나눈 것이다. 이들은 따로 떨어져 있는 것이 아니라 하나로 이어진 '일통운화' 또는 '천인운화'로 연결된다. 천·지·인이 하나로 이어진 소통현상이다. 달리 말하면 최한기는 신기를 통해서 우주에서 인간에 이르는 전인적 소통체계를 제시하고 있다. 그에게 기는 우주만물과 인간의 근원적 실재이기 때문이다. 따라서 자연, 인간, 사물은 서로 상통하는 일체적 조화가 이루어진다는 논리를 전개한다.

이러한 천인운화의 특성은 다음과 같이 네 가지로 정리할 수 있다.

첫째, 천인운화는 세 영역이 일통적으로 상호 연결되어 작용하는 소통원리이다(표 1 참조). 고로 혜강의 체계는 보편적 일관성을 강조하는 소통사상이라고 할 수 있다(박희병, 2003: 39).

둘째, 천지, 통민 및 일신이라는 세 단계 사이에는 연속적 상관관계가 형성되는 것으로 평가된다(금장태, 1980: 14). 즉 자연적 질서인 천도(天道)와 인위적 질서인 인도(人道) 사이에 연속적인 관계가 성립된다(박희병, 2003: 71). 여기서 천도는 자연의 법칙, 인도는 사회규범을 의미하기 때문에 기의 운동법칙인 리(理)의 관점에서 세 가지 운화를 '일신운화의 리', '통민운화의 리', '대기운화의 리'라고 평가되기도 한다(허남진, 2005: 242).

〈표 1〉 천인운화적 소통양식의 비교

		소통대상/범주	소통방법	소통규범
천인운화 (天人運化)	천지운화 (天地運化)	대기(大氣: 우주/자연)	유행지리 (流行之理)	도리(天道: 天理/物理)
	통민운화 (統民運化)	사회	추측지리 (推測之理)	인도(人道: 修己治人/倫理)
	일신운화 (一身運化)	개인		

셋째, 세 가지 차원에서 이루어지는 운화는 사람들이 의식하지는 못하지만 끊임없이 지속되고 있다. 이를 알 수 있는 방법에 대해서 혜강은 다음과 같이 언급하고 있다: "활동운화 하는 마음이 항상 사물을 바탕으로 삼아 의지하고 연구, 사색해서 이르지 아니하는 곳이 없으므로 진실로 대기(大氣) 위에서 단서와 조짐을 보아서 그것을 사물에 미루어 탐구하고 또 사물에서 경험을 얻은 것이 대기와 어긋남이 없게 되어 이에 의거하여 여러 번 시험하고 공을 쌓는다면 대기의 운화를 아마도 볼 수 있을 것이다. 이렇게 하여 전체대용에 미루어 통달하여 대기가 활동운화 하는 본성을 터득할 수 있으면 통민운화, 일신운화에 이르러서도 점차 앞이 탁 트이고 넓어지게 될 것이다"(기학. 권2-96).

넷째, 일신, 통민 및 천지라는 운화 차원은 상호 분리된 소통개념이라기보다는 상대적 의미를 지니는 것으로 인식하는 것이 타당하다. 이를테면 대기운화와 통민운화 사이의 관계에서 대기운화는 운화의 보편성을, 그리고 통민운화는 운화의 특수성을 지칭하는 의미로 해석이 가능하다. 왜냐하면 기는 하나의 대기라는 단일체 차원에서의 긴밀하게 자기운동을 하는 존재로 인식되기 때문에 분화된 신기 사이의 불연속적인 간극은 부재하는 것으로 해석하는 것이 타당하다.

2) 천인운화적 소통방식: 교접, 승순

한편 혜강은 상기한 바와 같이 분기된 신기운화 차원에서 이루어지는 소통방식을 다양하게 설명하고 있다. 이들의 소통현상을 매개하는 방식은 '교접'과 '승순'이라는 개념으로 정리할 수 있다.

첫째, 교접(交接)은 '교인접물(交人接物)'의 운화를 의미하는 것으로 한 인간이 다른 사람이나 사물과의 만남을 뜻한다. 그리고 교접이 가능한 근거는 '기'

가 서로 상통하는 데 있다. 교접운화는 한 개인의 운화나 다른 인물의 운화를 뜻하는 것이 아니라 새로 생성되는 운화라는 데 특성이 있다. "교접은 기의 운화에서 하나의 우연적 현상에 그치는 것이 아니라 인간과 모든 개체의 존재에 있어서 본래적인 존재의 요구인 것이며, 따라서 교접이 일어나지 않는다면 기의 일체성이 부정될 뿐 아니라, 모든 현상세계가 붕괴되고 말 것으로 인식된다"(금장태, 1980: 14; 인정, 권6). 따라서 크고 작은 현상적 영역 사이에서 일어나는 운화기는 근원적인 하나의 '기'일 뿐 아니라, 각 수준의 '기'가 서로 만남으로서 교접운화를 형성한다.

따라서 교접운화는 다양한 상황에서 이루어지는 일신의 기와 대상의 기의 상호 영향작용이라는 의미를 지닌다. 인간의 기도 마찬가지여서 "인간은 교접하는 존재"(노병성, 1993: 304)로 규정되기도 한다. 노병성은 교접운화를 현대적인 커뮤니케이션 양식과 유사한 것으로 설명하였다. 즉 언자, 청자 및 사물의 시비이해를 교접운화의 기본 요소로 인식하고, 언동(언어 및 행동)을 통해서 커뮤니케이션이 이루어지는 것으로 평가하였다(노병성, 1992: 303~309).

그리고 교인접물 하는 운화는 인간관계뿐 아니라 개인적, 사회적, 세계적 및 우주적 차원까지 확장되는 통달 및 나와 남, 가정, 사물, 국가 및 세계를 일통하는 원리에서 이루어진다. 여기서 교접하는 현상의 유형은 일치 또는 불일치의 순역(順逆), 주고받음의 왕래(往來), 통합과 막힘의 통색(通塞) 등 세 가지로 전개된다고 정리할 수 있다(노병성, 1993: 304). 중요한 점은 개별 존재들의 다양한 교접운화는 궁극적으로 인도(人道)의 실현에 기여하는 의미를 갖는다는 사실이다.

둘째, 승순(承順)은 교접과는 달리 세 가지 운화 영역 사이의 관계에서 이루어진다. 간단히 말해서 승순은 인간의 신기와 천지의 신기가 상통하는 관계를 설명하는 개념이다. 승순은 받들어 따른다는 뜻으로 복속(服屬)과 동일한 의미를 갖는데, 상기한 세 수준의 운화를 상호 관통케 하는 유용한 개념이다. 즉 일신운화는 통민운화에 승순되고, 통민운화는 천지운화에 승순되어, 서로 유기적으로 상통하는 체계가 성립된다(박희병, 2003: 29).

승순의 개념에서 승과 순이 따로 작용한다는 해석도 내릴 수 있다. 즉 구자익은 승천기(承天氣) 순인사(順人事)로 세분화하여 인식한다. 승천기는 구체적으로 우주적 본원을 잇고 자신이 우주자연적 질서에 존재함을 인식하여 천도를 계승한다는 의미를 내포한다. 또 순인사는 민원과 오류를 따라 인도를 실현하는 것을 의미한다(구자익, 2010: 392~402). "천기와 인사를 승순한다는 것은 본원(本源)인 대기운화를 인식하여 사회에 실천한다는 의미가 되는 것이다. 부연하면 '승'은 우주의 근원이 신기임을 아는 것이자, 우주의 본원적 모습을 자기 내면화시키는 것이다. 곧 대기운화가 인물운화가 됨을 인식하는 것이다. 이러한 인식은 결과적으로 '일기화지승순(一氣化之承順)'이라는 일원적 인식을 낳는다. 이러한 이유에서 '인사'에 마주 선 아(我)는 '승'의 구체적 대상인 천기에 참여할 수 있게 되는 것이고, 이것이 인사를 '순'하는 것이 되는 것이다"(구자익, 2010: 391).

이처럼 승순은 개인이 사회적 집단과 소통하는 관계라는 점과 동시에, 나아가 우주와 본원적으로 소통하는 관계임을 설명하는 개념이다. 신기운화에서 승순은 기일원론적 관점을 잘 설명해 준다. 동시에 비판적 관점에서 보면 승순은 동양사회의 유교문화를 대변하는 면도 엿볼 수 있다. 구체적으로 일신운화, 통민운화, 천지운화의 각 관계에서 승과 순의 의미는 각각 다르게 부여될 수 있다. 먼저 일신운화와 통민운화의 소통관계에서 일신운화는 통민운화의 방향으로는 승(承)하지만, 통민운화는 일신운화를 승하지 않는다. 오직 일방향의 경우만 승의 관계가 성립된다. 마찬가지로 통민운화는 천지운화를 승하지만, 천지운화는 통민운화를 승하지 않고, 순(順)하는 관계가 이루어진다.

이처럼 혜강이 제시하고 있는 세 가지 운화 영역 사이의 소통은 양방향이 동일한 성격을 갖는 것은 아니다. 대신 일신운화, 통민운화 및 천지운화 사이에는 일종의 위계적 소통관계가 형성된다. 평면적 소통보다 수직적 소통의 성격을 갖는다고도 평가할 수 있다.

이상과 같이 승순과 교접의 성격은 서로 상이한 소통성을 내포하고 있다. 특히 교접운화는 취사선택이 요구되는 소통이지만 승순운화는 무조건 따라야 할 소통으로 인식된다는 점이 두드러진다. 인간의 의사소통과는 구분되는 현상이다. 이 점에 대해 혜강은 다음과 같이 언급하였다: "내 몸에 있는 신기는 원래 대기의 운화에서 품수한 것이니, 처지에 따라 운화를 승순할 뿐 달리 충양을 말할 것이 없다. 그러나 사물은 교접할 때에는 자연 신기의 손익, 이해가 있게 되므로, 손해되는 일은 하지 말고 취하지도 말아서 신기를 채우며, 이익이 되는 일은 반드시 하고 취하여 신기를 길러야 한다"(명남루 수록, 182).

한편 다양한 수준에서 이루어지는 교접운화와 승순을 통한 관계들은 다시 기일분수적 천인운화의 소통으로 성립되고, 인간사회에서 타당한 가치를 갖는 윤리적 규범이 형성되도록 하는 데 기여한다고 해석된다. 즉 혜강은 인간, 사회 및 자연 사이에서 이루어지는 운화와 승순을 통한 상통은 궁극적으로 하나의 체계인 대동사회를 구현하는 것으로 종결짓는다. 이는 시공의 제약을 넘어 천지인물이 하나로 되는 운화기로서 보편적 진리인 천인운화로 기능하는 것이다. 이에 대해서 혜강이 《기학》에서 제시하고 있는 견해는 다음과 같다: "남과 나는 비록 나뉘었으나 자연히 같은 바가 있는데 곧 천인운화의 기가 그것이다. 이를 들어 사무에 조처하면 남은 나와 같을 것이요, 또한 나도 남과 더불어 같을 수 있을 것이니 그것을 한 나라에 베풀면 한 나라의 사람이 가히 더불어 같아질 수 있는 것이요, 그것을 천하에 베풀면 천하의 사람이 가히 더불어 같을 수 있을 것이다"(기학, 권1-100). 정리하면 교접과 승순은 기를 기반으로 한 하나의 일치된 소통체계를 이루는 천인운화에 이르게 하는 핵심적 작동기제라고 평가된다.

5. 기-소통의 평가

이상에서 제시한 바와 같이 혜강은 기에서 출발하여 신기를 구심으로 하는 일통적 소통사상을 제시하고 있다. 기-소통은 인간뿐 아니라 천지자연을 구성하는 모든 만물의 유형적, 무형적 일통관계를 의미한다고 풀이된다. 혜강의 사상에서 기는 유형적이자 무형적인 이원성을 지닌 존재로 활동운화 하는 속성을 지니기 때문이다. 이를 기반으로 인간, 사회, 사물, 자연 사이의 소통은 형질(물질) 차원과 추측(의식) 차원에서 이원적으로 이루어진다. 이 중 천지자연에서의 소통은 형질에 제약을 받지 않고 이루어지는데, 이를 유행지리(流行之理)라고 하고, 인간의 소통은 견문습염의 제약을 받는 추측지리(推測之理)에 의해 이루어지는 것으로 해석된다. 그리고 소통이 이루어지는 차원은 일신운화, 통민운화 그리고 천지운화로 대별되고, 이들은 다시 천인운화로 통합 연결된다. 또 이들은 교접과 승순이라는 소통기제를 통해 대동(大同)사회가 이루어지고, 나아가 천지만물이 조화를 이루는 코스모스의 일통적 소통이 이루어지는 것으로 요약할 수 있다.

그리고 혜강 최한기의 소통사상의 분석을 통해서 나타나는 몇 가지 연구결과들은 다음과 같이 정리할 수 있다:

첫째, 통합적, 일통적 소통사상을 제시한다. 혜강의 소통사상은 자연, 사회, 인간 및 사물이 하나로 통일되는 운화를 의미하는 통합론적 관점을 제시하고 있다. 천지만물의 제반 현상은 "기를 근거로 하나에 통할 수 있기에 기는 모든 현상을 통하게 할 뿐 아니라 공통근거로 작용하므로 '일통지기(一統之氣)'라 할 수 있다. 이 일통의 기는 곧 운화의 기이고 천인의 기이기도 하다"(금장태. 1980: 14). 따라서 혜강의 사상은 인간뿐 아니라 천지만물까지 아우르는 소통 관을 제시하고 있다. 또 개별적 개체나 요소를 중심으로 하기보다는 존재 전체의 대기소통 의미를 함축하고 있다.

둘째, 초합리적 메타 소통사상을 제시한다. 혜강은 인간이 우주 자연의 기와 일치조화를 이루는 소통행위를 하는 것으로 인식하고 있다. 즉 자연세계의 물리와 인간의 윤리가 합쳐져 조화로운 소통을 이룬다고 본다. 이는 객관적이고 합리적 소통을 지향하는 서양의 커뮤니케이션 인식과는 달리 초합리주의 차원에서 소통 주체의 주관적이고 가치 지향적인 커뮤니케이션 사상을 제시하는 것이다. 특히 소통 주체로서 인간은 천지만물과의 유행지리에 승순하여 소통능력을 제고하는 것으로 제시한다.

셋째, 주객일체의 전통적(全統的) 소통관을 제시한다. 혜강은 외부 사물에 대한 경험을 통해서 객관적 지식이 증대하면 습염지리에 의해서 기질변화를 일으키고 이는 인간 자신의 추측지리와 유행지리의 조화를 이루어 일통적 소통에 도달한다고 본다. 즉 객관적 세계와 주관적 자아가 하나로 일치되는 소통논리를 주창하고 있다. 객체나 대상의 소통에 관한 사상이 아니라, 주체와 객체가 합일 조화되는 차원의 소통인식이다. 따라서 물아(物我), 천인은 서로 상통하고 천지만물, 우주 및 인간을 아우르는 소통체계가 구축된다.

넷째, 관계론적 소통관점을 내포하고 있다. 혜강은 기(氣)일원론적 차원에서 활동운화 하는 신기의 소통관계를 체계적으로 제시하기 때문에 요소와 요소는 물론 이들 요소 사이의 소통성까지 포함한다. 따라서 혜강이 제시하는 소통은 실체나 요소를 중심으로 이루어지는 상호작용보다는 역동적 관계로 인식된다.

다섯째, 위계적 소통사상의 성격을 지니고 있다. 혜강의 사상은 천지만물 사이에서 신기가 서로 소통하는 것으로 인식하지만, 여기에는 일정한 위계적 소통관계가 규율한다고 판단한다. 특히 세 가지 운화의 장 또는 층위를 중심 으로 볼 때, 일신운화는 통민운화에 따르고, 통민운화는 다시 천지운화에 승 순하는 관계를 형성한다. 따라서 이들 사이에는 대등하고 수평적인 소통관계 보다는 일종의 위계적 소통질서가 형성되는 것으로 판단할 수 있다.

여섯째, 물질과 정신의 일원론적 소통사상을 제시한다. 혜강이 도입한 기는 신기라는 속성으로 인해 물질과 정신의 이원성을 극복하고, 이를 하나로 아우 르는 일원론적 소통관을 제시하는 독창성을 내포한다. 이런 측면은 정신과 물 질을 별개로 구분하는 서구 근대사상의 인식론적 패러다임의 한계를 넘어서 는 사유에 속한다.

일곱째, 삼위일체적 소통관을 내포하고 있다. 즉 혜강의 소통사상은 인간 을 중심에 놓되, 이를 천지, 즉 신과 자연을 아우르는 차원에서의 소통으로 인 식한다. 이는 천·지·인(天·地·人)이라는 동양사상의 핵심적 존재를 일체적 으로 재구성하면서 이들 사이의 소통관계를 정립하고 있다. 달리 말하면 동양 전통에 입각한 소통사상을 정립하였다고 평가할 수 있다. 이러한 관계론적 사 상은 요소 중심의 서구 사상의 선형적 소통관과 대조를 이루고 있다.

상기한 바와 같이 최한기의 소통사상은 한마디로 천지인을 아우르는 전일 적 소통의 독창적 시각을 제시하고 있다는 점에서 시사하는 바가 크다. 이는 기존의 인간 중심의 의사소통적 커뮤니케이션 사상의 한계를 극복하도록 하 고, 나아가 초언어적이고 물질과 정신을 아우르는 통합적 소통사상을 제시하 는 것이다. 달리 말해서 인간뿐 아니라 자연 우주까지 아우르는 거시적 차원 에서 소통체계를 정립한 최초의 사상이라고 할 수 있다. 마치 학문이 분화되기 이전 보편적 학문을 뜻했던 철학과 유사한 점을 느끼게 한다. 궁극적으로 기-소통이 지향하는 것은 조화로움 또는 하모니라고 평가할 수 있다.

그러면 기를 매개로 한 우주만물 사이의 소통논리는 오늘날 어떤 의미를 갖고 있는가? 첫째, 우리들이 오랫동안 잊고 있었던 우주적 차원의 소통세계에 대한 상상력을 회복시켜 준다. 그동안 우리는 자연을 잊고 인간만을 위한 세상을 꿈꾸었고, 인간을 위한 소통 대신 미디어 소통에 치중하여 왔다. 그 결과 우리는 인간을 위한, 자연을 위한 소통 세상을 잃어버렸다.

둘째, 통합적 시각을 제시해 준다. 현대 학문은 점점 분과화, 원자화되는 데 비해, 위기현상은 통합적으로 나타나고 있다. 따라서 (분)과학으로 현대 위기를 대처하는 것은 위기를 더 가중시키는 결과를 초래한다고 경고한다. 따라서 위험과학의 과학적 지식 대신에 인간의 전 지혜를 모아 현상을 바로 보아야 한다. 기-소통이론은 인문학과 자연과학 등 전 학문을 아우르는 통합적 관점에서 인간으로 하여금 올바른 선택과 결정을 하도록 자극한다. 이런 점에서 혜강의 기-소통사상은 인간뿐 아니라 자연, 우주를 아우르는 거시적 차원의 소통체계를 정립한 최초의 사상이라고 할 수 있다. 마치 오래전 학문이 분화되기 이전의 통합학문으로서 '철학'과 유사한 점을 느끼게 한다.

하지만 혜강의 기-소통사상은 인식론적 차원에 그칠 수 있는 성격이 강하다. 또한 현실적, 실천적 차원에서의 소통과는 일정한 괴리감을 느낄 수 있다. 그 밖에 '신기'와 같은 독창적 개념들은 이해하기가 쉽지 않고 현대적 개념으로 재해석해야 하는 과제를 안고 있다. 차후 혜강의 소통사상에 대한 논의가 좀 더 활발히 이루어질 경우 이러한 문제들은 해소될 것으로 기대한다.

참고문헌

구자익, 2010. 〈承順의 疏通行爲的 意味〉,《철학논총》, 제59집 제1권, 377~404.

권오영, 1998.《최한기의 학문과 사상연구》, 집문당.

금장태, 1980. 〈최한기의 인정과 인도철학〉, 인정 해제.

김용호, 1992. 〈삼륜청정과 연기론적 수용자 개념. '요소' '실체'에서 '관계'로의 전환〉, 《한국언론학보》, 제27호, 31~57.

김진웅, 2013. 〈최한기의 기(氣)-소통사상 연구〉,《커뮤니케이션학연구》, 제21권 2호, 2013년 여름, 73~92.

김진웅, 2016.《기 철학과 커뮤니케이션》, 커뮤니케이션북스.

노병성, 1993.《최한기의 기통에 대한 커뮤니케이션학적 연구》, 한국언론학회 연구보고 서, 285~317.

박희병, 2003.《운화와 근대》, 돌베개.

손병욱, 1994. 〈氣學 解題〉.

손병욱, 1994. 〈혜강철학에 있어서 인식과 실현의 구조문제. -활동, 천인, 통민운화의 해 명을 중심으로-〉, 최한기. 기학 부록, 306~341.

손병욱, 2005. 〈혜강 최한기 철학의 기학적 해명〉, 예문동양사상연구원,《혜강 최한기》, 예 문서원, 271~298.

신원봉, 2005. 〈최한기의 기학 연구〉, 예문동양사상연구원,《혜강 최한기》, 예문서원, 301~334.

윤사순, 1979. 〈기측체의 해제〉.

이명수, 2008. 〈최한기 기학의 '운화'와 담사통 인학의 '통' 개념에 보이는 인식의 공유문 제〉,《유교사상문화연구》, 제34집, 307~337.

이영찬, 2010. 〈최한기 기학의 소통적 인식론〉,《한국학논집》, 제40집, 487~516.

최한기.《氣學》, 손병욱(역) (1994). 여강출판사.

최한기.《氣測體義》, 민족문화추진회(역) (1979). 국역 기측체의.

최한기.《推測錄》, 민족문화추진회(역) (1979). 국역 기측체의 수록.

최한기.《神氣通》, 민족문화추진회(역) (1979). 국역 기측체의 수록.

최한기.《明南樓隨錄》, 민족문화추진회(역) (1979). 국역 기측체의 수록.

최한기.《人政》, 민족문화추진회(역) (1980). 국역 인정.

소통의 철학

'실체론'을 넘어 '관계론'으로

초판인쇄 2024년 09월 27일
초판발행 2024년 09월 27일

지은이 김진웅
펴낸이 채종준
펴낸곳 한국학술정보(주)
주 소 경기도 파주시 회동길 230(문발동)
전 화 031-908-3181(대표)
팩 스 031-908-3189
홈페이지 http://ebook.kstudy.com
E-mail 출판사업부 publish@kstudy.com
등 록 제일산-115호(2000. 6. 19)

ISBN 979-11-7217-553-5 93100